D1200306

WILLIAMS-SONOMA

SALSAS

RECETAS Y TEXTO

BRIGIT L. BINNS

EDITOR GENERAL

CHUCK WILLIAMS

FOTOGRAFÍA

SHERI GIBLIN

TRADUCCIÓN

LAURA CORDERA L.
CONCEPCIÓN O. DE JOURDAIN

MÉXICO

CONTENIDO

LAS CLÁSICAS

VINAGRETAS Y EMULSIONES

SALSAS A LA SARTÉN

PASTA SAUCES

SALSAS, PURÉS Y RELISHES

SALSAS DE POSTRES

INTRODUCCIÓN

La primera vez que tuve un encuentro con la auténtica cocina francesa, hace algunas décadas, me intrigaron las clásicas salsas emulsionadas como la holandesa y la bordalesa. Sus texturas tersas y sabores matizados añaden una sutil riqueza a muchos platillos. Hoy en día, seguimos yendo al pasado en búsqueda de las recetas tradicionales europeas, aunque también abarcamos una amplia variedad de salsas del resto del mundo, desde la *charmoula* de Marruecos hasta la salsa de cacahuate de Tailandia. En algunos casos es imposible separar la salsa del platillo, como un cordero hindú al curry picante o un sustancioso mole de pollo mexicano, sazonado con chocolate y almendras. Otras salsas versátiles como el *mojo*, cubano, pueden usarse como marinada sazonada, salsa de mesa o salsa de remojo.

Ya sea que usted busque vinagretas y salsas fáciles de hacer, elegantes emulsiones estilo francés, sencillas y sanas salsas a la sartén o decadentes salsas para postres, este libro de cocina le proporcionará una gran variedad de ideas para toda ocasión. Además, las instrucciones paso a paso ayudarán al novato en la preparación de salsas a cocinar con éxito. Al igual que la ropa viste al hombre, la salsa desde luego viste al platillo.

LAS CLÁSICAS

En las costillitas con salsa barbecue y en los espárragos con salsa holandesa, la salsa por lo general es la parte más importante del platillo. Aunque algunas de las salsas clásicas más conocidas vienen de la cocina francesa, como la bernesa y la duxelles, muchas otras, como el mole mexicano y el curry de la India provienen de otras cocinas regionales.

ALCACHOFAS CON SALSA BERNESA

CONSEJOS PARA EMULSIFICAR

En las emulsiones francesas clásicas como la bernesa y la holandesa, se desea lograr que dos líquidos normalmente incompatibles se integren. Para hacer cualquiera de estas dos salsas la clave es la temperatura de las yemas de huevo: Si las yemas se calientan demasiado, sus proteínas en vez de combinarse y lograr una mezcla tersa, se convertirán en grumos, resultando así una salsa cortada. Puede evitarlo al mezclar ocasionalmente la salsa fuera del fuego o añadiendo cubos de hielo, lo cual impedirá que se corte. Si requiere más información sobre emulsiones, vea la página 108.

Sal kosher

1 limón, cortado en rebanadas

4 alcachofas grandes

PARA LA SALSA:

1 chalote pequeño, finamente picado

3 ramas pequeñas de estragón fresco, las hojas finamente picadas y los tallos reservados

½ taza (125 ml/4 fl oz) de vinagre de vino blanco

3 yemas de huevo

¾ taza (185 g/6 oz) de mantequilla, derretida y tibia

Sal y pimienta blanca recién molida

⅛ cucharadita de salsa inglesa

1½ cucharada de jugo de limón fresco

Ponga a hervir en una olla grande dos terceras partes de agua, sobre fuego alto. Añada 1 cucharada de sal kosher y las rebanadas de limón. Mientras se calienta el agua, corte las alcachofas. Trabaje con 1 alcachofa a la vez, jale las hojas duras del exterior y corte el tallo de la base. Corte un tercio de la punta de la alcachofa; con unas tijeras de cocina, recorte el resto de las puntas filosas. Coloque las alcachofas en el agua y tape la olla parcialmente. Reduzca el fuego a medio-alto y cocine de 45 a 50 minutos hasta que al picar con un cuchillo éste penetre fácilmente en la base de una alcachofa.

Cuando las alcachofas estén casi listas, prepare la salsa: En una olla pequeña y gruesa, mezcle el chalote, tallos de estragón y vinagre. Hierva sobre fuego medio-bajo de 4 a 5 minutos, hasta que se reduzca aproximadamente a 1 cucharada. Retire la mezcla del fuego, deje reposar 5 minutos, deseche los tallos de estragón. Agregue batiendo las yemas de huevo, regrese la olla a fuego bajo y cocine batiendo constantemente, de 2 a 4 minutos, hasta que la mezcla se empiece a espesar *(vea explicación a la izquierda)*. Retire del fuego e integre la mantequilla 1 cucharada a la vez, batiendo, hasta integrar por completo antes de la siguiente adición. Después de que las primeras cucharadas de mantequilla se hayan incorporado, regrese al fuego y añada la mantequilla restante con más rapidez. Cuando toda la mantequilla se haya incorporado y la salsa esté tersa y brillante, retire del fuego una vez más e integre, batiendo, ¼ de cucharadita de sal, ⅛ cucharadita de pimienta blanca, salsa inglesa, jugo de limón y estragón picado. Ajuste la sazón con sal y pimienta blanca. Sirva en los siguientes 5 minutos o tape y mantenga caliente hasta 30 minutos sobre agua caliente, sin hervir.

Cuando las alcachofas estén listas, retire de la olla y deje enfriar, volteadas de cabeza, por 15 minutos. Coloque en platos acompañados de un tazón con salsa de remojo.

RINDE 4 PORCIONES

ESPÁRRAGOS CON SALSA HOLANDESA

500 g (1 lb) de espárragos

Sal kosher

PARA LA SALSA:

3 yemas de huevo

Sal y pimienta blanca recién molida

1 cubo de hielo, si fuera necesario

½ taza (125 ml/4 fl oz) de mantequilla, derretida y tibia

2 ó 3 cucharaditas de jugo de limón fresco, o al gusto

Corte o rompa la parte dura de la base de los espárragos (página 114). Ponga a hervir en una olla grande tres cuartas partes de agua sobre fuego alto. Añada 1 cucharada de sal kosher y los espárragos y cocine sin tapar, de 6 a 7 minutos, hasta que la base de los tallos se sienta suave al picarlos con un cuchillo. Escurra sobre toallas de papel.

Para preparar la salsa, mezcle en una olla gruesa y pequeña, 3 cucharadas de agua, las yemas de huevo y ¼ cucharadita de sal. Cocine sobre fuego bajo, batiendo constantemente, de 1 a 2 minutos, hasta que la mezcla esté espumosa. (Mantenga el batidor dentro del líquido, en vez de subirlo; las burbujas deberán ser pequeñas). Continúe batiendo constantemente de 1 a 3 minutos más, hasta que la mezcla se torne amarillo pálido y empiece a espesar. Una vez que haya espesado, no la caliente demasiado rápido o se cortará. Si se forman grumos, retire rápidamente del fuego, añada el cubo de hielo y bata vigorosamente. Cuando la mezcla esté tersa y con brillo, vuelva a colocar la olla sobre el fuego.

En cuanto se empiece a ver el fondo de la olla mientras bate, retire del fuego. Añada parte de la mantequilla y bata con fuerza antes de añadir más. Agregue, batiendo, 2 cucharaditas de jugo de limón y pruebe. La salsa deberá saber a limón, pero no deberá estar ácida. Añada más jugo de limón una gota o dos cada vez, si fuera necesario. Sazone al gusto con sal y pimienta blanca. Sirva en los siguientes 5 minutos, o tape y mantenga caliente hasta por 30 minutos en la parte superior de un hervidor doble o baño maría sobre agua caliente, pero sin hervir.

Para servir, pase los espárragos a un platón precalentado y, usando una cuchara, coloque una cantidad generosa de salsa holandesa sobre las puntas. Sirva de inmediato.

Nota: Esta receta contiene huevos parcialmente cocidos. Para más detalles, vea la página 115.

RINDE DE 4 A 6 PORCIONES

VARIACIONES DE LA SALSA HOLANDESA

La salsa holandesa puede variar al agregarle hierbas u otros ingredientes. Para hacer una salsa holandesa de naranja y cebollín, agregue a la salsa terminada 1 cucharadita de ralladura de naranja y 1 cucharada de cebollín cortado. Para una salsa holandesa de jitomate a la lima, use jugo de lima en vez de jugo de limón e integre a la salsa terminada 2 cucharadas de cubos pequeños de jitomate sin piel (página 62). Para hacer salsa muselina, bata ½ taza (125 ml/4 fl oz) de crema dulce para batir hasta formar picos duros, integre con la salsa tibia holandesa usando movimiento envolvente justo antes de servir.

CHULETAS DE TERNERA CON SALSA DUXELLES

SALSA DUXELLES

El término francés *duxelles* se refiere a dados de champiñones, cebollas y chalotes, salteados en mantequilla, una combinación que se usa en muchas preparaciones francesas. La *beurre manié* es simplemente la mezcla de mantequilla y harina que se usa tradicionalmente para espesar salsas sin que se formen grumos. Para hacer la *beurre manié* para esta receta, mezcle una cucharada de harina de trigo (simple) con 1 cucharada de mantequilla suavizada.

Seque las chuletas de ternera con toallas de papel. Frote ambos lados de las chuletas con aceite de oliva y deje reposar a temperatura ambiente durante 1 hora. Precaliente el horno a 180ºC (350ºF).

Para preparar la salsa, primero prepare la beurre manié *(vea explicación a la izquierda)*. En una sartén gruesa y grande sobre fuego medio, derrita la mantequilla. Justo cuando empiece a dorarse, añada la cebolla, chalote y champiñones y saltee, sin dejar de mover, cerca de 6 minutos, hasta que se doren ligeramente. (Después de 1 ó 2 minutos, los champiñones soltarán su líquido; continúe salteando hasta que la humedad se evapore y la mezcla esté grumosa). Añada el vino y cocine, moviendo, de 2 a 3 minutos, hasta que se evapore. Agregue el consomé, puré de tomate, ¾ cucharaditas de sal, ¼ cucharadita de pimienta y la nuez moscada y cocine, moviendo constantemente, por 3 minutos más. Integre, batiendo, la mitad de la beurre manié y deje hervir a fuego lento cerca de 2 minutos, hasta que la salsa se espese. Si desea una salsa más espesa, integre la beurre manié restante y hierva a fuego lento 2 minutos más. Retire la sartén del fuego, tape y deje reposar 30 minutos.

Para cocinar las chuletas, coloque 2 sartenes grandes a prueba de horno sobre fuego alto (si usted no tiene 2 sartenes grandes, cocine las chuletas en 2 tandas). Sazone un lado de las chuletas generosamente con sal y pimienta. Cuando las sartenes estén muy calientes, ponga 2 chuletas en cada sartén, con el lado sazonado hacia abajo y cocine, sin moverlas, cerca de 2½ minutos, hasta que estén ligeramente doradas. Sazone la cubierta de las chuletas con sal y pimienta, voltee y cocine 2½ minutos más. Pase las sartenes al horno y continúe la cocción de 5 a 6 minutos, hasta que las chuletas se vean rosadas en el centro al cortarlas con un cuchillo. Pase las chuletas a una rejilla, cubra holgadamente con papel aluminio y deje reposar 5 minutos. Recaliente la salsa ligeramente. Acomode las chuletas en platos individuales precalentados y cubra con salsa caliente. Espolvoree con perejil y sirva.

RINDE 4 PORCIONES

4 costillas de ternera o chuletas de ternera de 250 a 315 g (8-10 oz) cada una

1½ cucharadas de aceite de oliva

Sal y pimienta recién molida

PARA LA SALSA:

Beurre manié *(vea explicación a la izquierda)*

3 cucharadas de mantequilla

½ cebolla blanca o amarilla, muy finamente picada

1 chalote pequeño, muy finamente picado

125 g (¼ lb) de champiñones u hongos cremini frescos, cepillados y muy finamente picados

½ taza (125 ml/4 fl oz) de vino blanco o vermouth

⅔ taza (160 ml/5 fl oz) de consomé de res enlatado

⅓ taza (80 ml/3 fl oz) de puré de tomate

Sal y pimienta recién molida

Una pizca de nuez moscada recién molida

Hojas de perejil liso fresco (italiano), finamente picado, para decorar

COSTILLITAS DE PUERCO CON SALSA BARBECUE

PARA LA SALSA:

2 cucharadas de aceite vegetal o grasa de tocino

1 cebolla amarilla o blanca, finamente picada

1 diente de ajo, machacado o picado

1¾ taza (440 g/14 oz) de salsa catsup

⅓ taza (80 ml/3 fl oz) de salsa inglesa

½ cucharadita de ralladura de limón

3 cucharadas de jugo de limón fresco

2 cucharadas compactas de azúcar mascabado oscuro

1 cucharadita de mostaza seca

2½ cucharaditas de polvo de chile, de preferencia chile ancho

¼ cucharadita de sal de apio

Sal y pimienta recién molida

⅛ cucharadita de salsa Tabasco, o al gusto

2.5 kg (5 lb) de costillitas de puerco

Para preparar la salsa, en una olla grande y gruesa sobre fuego medio, caliente el aceite vegetal. Añada la cebolla y el ajo y saltee cerca de 5 minutos, hasta que estén suaves y traslúcidos. Agregue la salsa catsup, salsa inglesa, ralladura, jugo de limón, azúcar mascabado, mostaza, polvo de chile, sal de apio y una pizca de sal y mezcle hasta integrar. Ponga a hervir a fuego lento, reduzca el fuego y cocine sin tapar, moviendo de vez en cuando, cerca de 15 minutos, hasta que se espese ligeramente. Pase a un tazón e integre la salsa Tabasco. Sazone al gusto con sal y pimienta. Use la salsa de inmediato o deje enfriar a temperatura ambiente. Tape y refrigere por 1 día para permitir que los sabores se mezclen o hasta por 2 semanas.

Precaliente el horno a 165ºC (325ºF). Barnice ambos lados de las costillitas con una capa delgada de salsa y envuelva herméticamente con papel aluminio grueso. Coloque en una charola de horno y cocine en el horno durante 1¼ hora. Mientras tanto, prepare el carbón o el asador de gas para asar directamente a temperatura alta. Cuando las costillitas estén listas, retire el paquete del horno y coloque con la abertura hacia arriba sobre el asador. Abra el paquete, extendiendo el aluminio hacia los lados y perfore aproximadamente 20 orificios en el papel aluminio alrededor y por debajo de las costillas. Barnice las costillitas con salsa y ase durante 15 minutos. Voltee las costillitas, barnice el otro lado con salsa y ase por 15 minutos más. Rectifique el término de la carne. El hueso se debe mover libremente dentro de la carne y la carne estará prácticamente separada del hueso. Si fuera necesario, cocine las costillitas de 15 a 20 minutos más, barnizando con la salsa.

Para servir, hierva la salsa restante y retire del fuego. Corte la carne en costillitas individuales y acompañe a la mesa con la salsa caliente.

RINDE 6 PORCIONES.

SALSA TABASCO

Desde 1870, la familia McIlhenny de Louisiana tiene la patente de la receta para la salsa Tabasco, la legendaria salsa picante. La salsa se embotella en la isla de Avery, en el Golfo de México, en donde es más fácil mantener la fórmula en secreto. Únicamente se conocen algunos detalles de su producción; se sabe que los chiles se marinan en vinagre en barricas de madera por tres años antes de ser procesados para hacer la salsa. En años recientes, la preeminente salsa ha tenido mucha competencia; se han fabricado cientos de nuevas salsas picantes hechas con una amplia variedad de chiles.

CORDERO AL CURRY

POLVO DE CURRY

Para preparar su propio polvo de curry Madrás, tueste en un una sartén pequeña sobre fuego medio, 3 chiles Nuevo México pequeños o un chile ancho, 2 cucharaditas de semillas de cilantro y la misma cantidad de semillas de comino, 1 cucharadita de granos de pimienta y la misma cantidad de semillas de fenogreco y ½ cucharadita de semillas de mostaza; aproximadamente durante 4 minutos, hasta que se doren y aromaticen. Muela en un mortero o molcajete, con su mano, o en un molino para especias, hasta convertirlo en polvo y mézclelo con 1 cucharada de cúrcuma molida y ½ cucharadita de jengibre molido.

En un tazón pequeño, bata el polvo de curry con ¼ taza (60 ml/2 fl oz) de agua (o más si fuera necesario) hasta formar una pasta, reserve.

En una sartén grande sobre fuego medio, caliente 1 cucharadita del aceite. Añada las almendras y saltee, moviendo constantemente la sartén cuando empiecen a sisear, cerca de 5 minutos, hasta que estén doradas. Con una cuchara ranurada, pase las almendras a un tazón. Vuelva a colocar la sartén sobre fuego medio y añada 1 cucharada del aceite. Cuando esté caliente, añada la cebolla y saltee cerca de 6 minutos, hasta que esté suave y dorada. Agregue el ajo, ¼ cucharadita de sal y cocine1 minuto más, moviendo constantemente. Usando una cuchara ranurada, pase la mezcla de cebolla a un procesador de alimentos y muela hasta obtener un puré terso. Reserve.

Sazone el cordero generosamente con sal y pimienta. En una sartén sobre fuego medio-alto, caliente la cucharada restante de aceite. Trabajando en tandas si fuera necesario, dore el cordero por todos lados, cerca de 4 minutos. Reduzca el fuego a bajo, añada la mezcla de curry y cocine 1 minuto, sin dejar de mover, para glasear el cordero. Añada la mezcla de cebolla hecha puré, jitomates, salsa de soya, miel y una pizca de pimienta.

Tape la sartén y hierva a fuego lento 15 minutos. Revise ocasionalmente la cocción para asegurarse de que la mezcla no se haya secado pues se podría quemar. Si se viera seca, agregue 1 ó 2 cucharaditas de agua. Añada las papas y la leche de coco y cocine, 30 minutos más, aún tapado, moviendo ocasionalmente, hasta que el cordero y las papas estén suaves. Sirva en platos individuales precalentados y decore con las almendras.

Nota: El polvo preparado de curry Madrás se encuentra en los mercados bien surtidos y en las tiendas especializadas en alimentos asiáticos.

Para Servir: Sirva el curry de cordero sobre arroz basmati o jazmín.

RINDE 4 PORCIONES

¼ taza (20 g/¾ oz) de polvo de curry de Madrás *(vea explicación a la izquierda)*

1 cucharadita de aceite de canola, más 2 cucharadas

⅓ taza (45 g/1½ oz) de almendras, sin piel y fileteadas

1 cebolla amarilla o blanca, finamente rebanada

3 dientes de ajo, finamente rebanados

Sal y pimienta recién molida

625 g (1¼ lb) de pierna de cordero u otro tipo de corte de cordero para guisar, cortado en cubos de 2.5 cm (1 in)

⅔ taza (155 g/5 oz) de jitomates de lata, machacados

2 cucharadas de salsa de soya

1 cucharada de miel de abeja

250 g (½ lb) de papas para cocer, sin piel y cortadas en cubos de 12 mm (½ in)

1¼ taza (310 ml/10 fl oz) de leche de coco

FILETES MIGNON CON SALSA BORDALESA

4 filetes mignon, cada uno de 250 g (8 oz) y de 5 cm (2 in) de grueso

1½ cucharadas de aceite de oliva

PARA LA SALSA:

750 g (1½ lb) de huesos con tuétano, cortados por un carnicero en trozos de 4 cm (1½ in)

2 cucharaditas de mantequilla

1 chalote grande, finamente picado

1¼ taza (310 ml/10 fl oz) de vino tinto seco como el Cabernet Sauvignon

1 rama de tomillo fresco

1 hoja de laurel

½ taza (125 ml/4 fl oz) de salsa media glasa de ternera (página 53)

Sal y pimienta recién molida

1 cucharada de mantequilla fría, cortada en 2 trozos

Perejil liso (italiano) fresco, picado, para decorar

Seque los filetes con toallas de papel. Frote ambos lados de los filetes con aceite de oliva y deje reposar a temperatura ambiente durante 1 hora.

Para preparar la salsa, ponga los huesos con tuétano en un tazón lleno de agua con hielo y refrigere 20 minutos. Con ayuda de su dedo pulgar, empuje el tuétano hacia afuera de los huesos. Si no se desliza, sumerja los huesos en agua caliente durante 30 segundos y vuelva a tratar. Corte el tuétano en discos de 12 mm (½ in), cubra con agua con hielo y refrigere de 2 a 6 horas.

En una olla sobre fuego bajo, derrita la mantequilla. Añada el chalote y cocine cerca de 5 minutos, hasta que esté traslúcido. Agregue el vino, tomillo y hoja de laurel, eleve la temperatura a fuego medio, deje hervir vigorosamente de 12 a 15 minutos, hasta que se reduzca en tres cuartas partes. Retire y deseche las hierbas, añada la media glasa y ¼ de cucharadita de sal y de pimienta. Hierva a fuego lento, moviendo ocasionalmente, de 3 a 4 minutos, hasta parezca miel. Apague el fuego, tape y deje reposar.

Precaliente el horno a 180°C (350°F). Coloque una sartén a prueba de horno sobre fuego alto. Sazone los filetes generosamente por ambos lados con sal y pimienta. Cuando la sartén esté caliente, añada los filetes y cocine 2½ minutos. Voltee y cocine cerca de 2½ minutos más, hasta que estén firmes y ligeramente dorados. Pase la sartén al horno y cocine de 2 a 3 minutos más si desea término rojo y de 4 a 5 minutos para medio-rojo. Apague el horno, pase los filetes a platos individuales y coloque en el horno.

Para terminar la salsa, escurra los discos de tuétano e integre a la salsa. Caliente la salsa con el tuétano sobre fuego bajo, cerca de 3 minutos. Coloque unas piezas de tuétano sobre cada filete. Retira la sartén del fuego e integre la mantequilla fría, batiendo hasta que se derrita y la salsa espese ligeramente. Cubra cada filete con varias cucharadas de la salsa y decore con el perejil. Sirva.

RINDE 4 PORCIONES

SALSA BORDALESA

Esta famosa salsa, la cual es tradicionalmente servida con carnes asadas o fritas en la sartén, es una combinación rica de vino tinto, *salsa española* (salsa oscura) o media glasa y tuétano, la suave y rica película que se obtiene del hueco central de los huesos de res. La salsa es originaria de Burdeos, un reconocido centro gastronómico y, sin comparación, la región más respetada de vinos en Francia, entre los cuales se encuentran el Mouton Rothchild, Château Margaux y Château Latour.

PUERCO SATAY CON SALSA TAILANDESA DE CACAHUATE

INGREDIENTES TAILANDESES

La salsa de pescado *(nam pla)* es ligeramente más suave que la variedad vietnamita, pero cualquiera de ellas se puede usar en esta receta. Puede oler a pescado, pero cuando se integra con otros ingredientes, se suaviza y resalta los demás sabores de la misma forma que lo hace la sal. La potente pasta de curry verde tailandesa, contiene chiles de ojo de pájaro verde, galangal (un pariente cercano del jengibre), lemongrass, hojas kaffir, chalotes, ajo y pasta de camarón (langostino). Una vez abierta, se mantendrá en el refrigerador hasta por 2 meses. Siempre agite las latas de leche de coco antes de usarlas, ya que la grasa queda en la superficie.

Remoje 8 brochetas de madera en agua por 30 minutos y escurra, o utilice brochetas de metal. En un tazón no reactivo, mezcle el aceite de cacahuate, aceite de ajonjolí, pasta de curry, 1 cucharadita de sal, ¾ cucharadita de pimienta negra, ajo y hojuelas de chile. Bata hasta integrar por completo. Añada el puerco y mezcle hasta cubrir uniformemente. Tape con plástico adherente y refrigere de 6 a 8 horas.

Para preparar la salsa, caliente el aceite en un wok o una sartén sobre fuego medio. Añada los cacahuates y fría moviendo constantemente, hasta que estén dorados pero que no se quemen, cerca de 3 minutos. Usando una cuchara ranurada, pase a toallas de papel y deje enfriar durante 5 minutos. En un procesador de alimentos pequeño, muela los cacahuates finamente y reserve.

Vuelva a colocar la sartén sobre fuego bajo, añada el ajo, chalotes y ¼ cucharadita de sal; saltee 1 minuto. Agregue el caldo de pescado y cocine durante 1 minuto más. Añada la pimienta de cayena, azúcar mascabado, salsa de soya y leche de coco y deje hervir a fuego lento. Agregue los cacahuates y hierva a fuego lento, de 6 a 7 minutos, moviendo ocasionalmente, hasta que la salsa espese. Integre el jugo de limón. Pruebe y rectifique la sazón.

Ensarte los cubos de puerco apretadamente en las brochetas y seque. Si usa brochetas de bambú, cubra con papel aluminio aproximadamente 5 cm (2 in) de la punta para poderla sujetar. Precaliente el asador. Cubra una charola de horno con borde con papel aluminio, colocando la parte brillante hacia abajo, y cubra con una rejilla de alambre. Coloque en el asador a 10 cm (4 in) de la fuente de calor y precaliente durante 5 minutos.

Coloque las brochetas en la rejilla, poniendo las agarraderas de papel aluminio hacia fuera. Ase, volteando para sellar por los 4 lados, hasta que estén doradas, cerca de 2 minutos de cada lado. Divida las brochetas uniformemente entre 4 platos individuales y retire el papel aluminio, si lo usó, espolvoree con el perejil. Coloque un tazón pequeño con salsa en cada plato y sirva de inmediato.

RINDE 4 PORCIONES

¼ taza (60 ml/2 fl oz) de aceite de cacahuate

1 cucharada de aceite de ajonjolí

1 cucharada de pasta de curry verde tailandesa

Sal y pimienta molida

1 diente de ajo grande, picado

1 pizca de hojuelas de chile

625 g (1¼ lb) de lomo de puerco, en cubos

PARA LA SALSA:

2 cucharadas de aceite de cacahuate

¾ taza (140 g/4½ oz) de cacahuates crudos o asados a la mitad

1 diente de ajo, picado

2 chalotes, picados

Sal

4 cucharaditas de salsa de pescado asiática

¼ cucharadita de pimienta de cayena

½ cucharadita de azúcar mascabado

1½ cucharadita de salsa de soya

1¼ taza (310 ml/10 fl oz) de leche de coco

1 cucharada de jugo de limón fresco

Ramas de perejil liso (italiano), para decorar

POLLO CON MOLE

TRABAJANDO CON CHILES

Cuando trabaje con chiles frescos o con chiles picantes secos (como en esta receta), usted agradecerá usar guantes delgados desechables, ya que los aceites volátiles de los chiles pueden causar irritación si entran en contacto con su piel. Tanto si usa guantes como si no los usa, asegúrese de no tocar sus ojos, nariz, o boca mientras trabaja con los chiles. Las personas que usan lentes de contacto tienen que ser sumamente cuidadosas: una vez que un lente está contaminado al tocar o rozar el ojo, se debe desechar, ya que el aceite no se puede retira al sumergir o lavar el lente.

Rompa o corte a lo largo los chiles mulato, ancho y pasilla, retire las semillas y venas. Rompa o corte los chiles en trozos de 12 mm (½ in).

En una sartén gruesa sobre fuego medio, derrita 2 cucharadas de manteca. Añada los chiles y saltee, cerca de 2 minutos, moviendo frecuentemente, hasta que estén ligeramente tostados pero no quemados. Usando una cuchara ranurada, pase los chiles a un tazón y añada agua caliente hasta cubrir. Deje remojar de 2 a 4 horas.

Mientras tanto, mezcle en un tazón grande los jitomates asados y el chocolate. Usando un mortero o molcajete y su mano o en un molino de especias, muela los granos de pimienta, clavo, pimientas gordas (jamaica) y canela. Integre las especias con la mezcla de jitomate y reserve.

En una sartén sobre fuego medio, tueste el ajonjolí, aproximadamente por 30 segundos, sacudiendo la sartén una o dos veces, hasta que se dore. Reserve un poco para decorar, añada 2 cucharadas del ajonjolí a la mezcla de jitomate. Repita el proceso con las semillas de cilantro e incorpore con la mezcla de jitomate.

Limpie la sartén que usó para tostar los chiles con una toalla de papel, coloque sobre fuego medio y derrita 2 cucharadas de manteca. Añada las almendras y tueste, cerca de 4 minutos, moviendo ocasionalmente, hasta que se doren. Con ayuda de una cuchara ranurada, integre con la mezcla de jitomate. Repita la operación con las uvas pasas y haga lo mismo con la cebolla y el ajo, cocinando cada vez cerca de 5 minutos, hasta dorar. Presione sobre los ingredientes con el revés de una cuchara para retirar el exceso de grasa antes de pasarlos al tazón. Si fuera necesario, añada más manteca a la sartén. Dore el pan por todos lados, cerca de 2 minutos e incorpore con la mezcla de jitomate.

Pase la mitad de la mezcla de jitomate a una licuadora, añada ½ taza (125 ml/4 fl oz) del caldo y haga un puré terso. Pase la

3 chiles mulatos (si no los encuentra use 3 chiles anchos adicionales)

2 chiles anchos

4 chiles pasilla

6 cucharadas (90 g/3 oz) de manteca o de aceite vegetal, o el necesario

½ taza (90 g/3 oz) de jitomates asados de lata, machacados

30 g (1 oz) de chocolate mexicano *(vea explicación a la derecha)*, picado

10 granos de pimienta

1 clavo de olor entero

2 granos de pimientas gordas (jamaica) o ⅛ cucharadita de pimienta de jamaica molida

4 cm (1½ in) de raja de canela, troceada

2 cucharadas de ajonjolí, más el necesario para decorar

¼ cucharadita de semillas de cilantro

2 cucharadas de almendra

2 cucharadas de uvas pasas

½ cebolla blanca o amarilla, rebanada grueso

2 dientes de ajo pequeños

2 rebanadas de pan tipo francés del día anterior, sin la corteza, en trozos de 2.5 cm (1 in)

3½ ó 4 tazas (875 ml a 1 l/28-32 fl oz) de caldo de pollo (página 112)

1 pollo, de aproximadamente 1.75 kg (3½ lb), cortado en porciones individuales

Sal y pimienta recién molida

2 cucharadas de azúcar

Tortillas calientes, para acompañar (opcional)

mezcla a través del disco para rallar grueso de un molino de alimentos hacia un tazón. Repita la operación con la mezcla de jitomate y la ½ taza del caldo restante y agregue al tazón. Reserve.

Escurra los chiles remojados, apretándolos ligeramente; reserve ½ taza (125 ml/4 fl oz) del agua de remojo. Pase los chiles y agua a una licuadora (no es necesario lavar la licuadora) y licue hasta que esté terso. Pase el puré por un molino de alimentos (no es necesario lavarlo) hacia otro tazón.

Sazone el pollo con sal y pimienta. En una olla gruesa u horno holandés, sobre fuego medio-alto, caliente las 2 cucharadas restantes de manteca. Trabajando en tandas, añada las piezas de pollo y dore cerca de 4 minutos por cada lado. Pase a un platón.

Reserve 1 cucharada de la grasa de la olla y deseche el resto. Coloque sobre fuego bajo. Añada el puré de chiles y cocine por 5 minutos, desglasando el fondo de la olla ocasionalmente; la mezcla deberá tornarse oscura y espesa. Añada la mezcla de jitomate y cocine, moviendo ocasionalmente, hasta que la salsa espese y se incorpore por completo, cerca de 4 minutos. Agregue las 2½ tazas (625 ml/20 fl oz) restantes de caldo, cubra parcialmente y hierva a fuego lento, durante 45 minutos, moviendo de vez en cuando. Añada 1½ cucharadita de sal y el azúcar. Si la salsa estuviera más espesa que una crema espesa (doble), adelgace con un poco más de caldo.

Precaliente el horno a 180°C (350°F). Vuelva a colocar el pollo en la olla y cubra con la salsa. Pase al horno y cocine cerca de 1 hora, hasta que esté suave y no tenga ningún rastro de color rosa en el hueso. Saque del horno y retire el exceso de grasa de la superficie usando una cuchara. Decore con las semillas de ajonjolí restantes y sirva con tortillas calientes, si lo desea.

RINDE 4 PORCIONES

(La fotografía aparece en la página siguiente).

CHOCOLATE MEXICANO

El chocolate en el mole proporciona una riqueza profunda sin convertir la salsa en una salsa dulce. El llamado chocolate mexicano, se usa generalmente para preparar chocolate caliente, tiene una textura granulosa que no tienen los chocolates comunes de repostería o de postres, contiene canela y algunas veces almendra. Si no encuentra chocolate mexicano, sustituya por 30 g (1 oz) de chocolate oscuro semi-dulce (simple), ½ cucharadita de canela molida y una gota de extracto (esencia) de almendra.

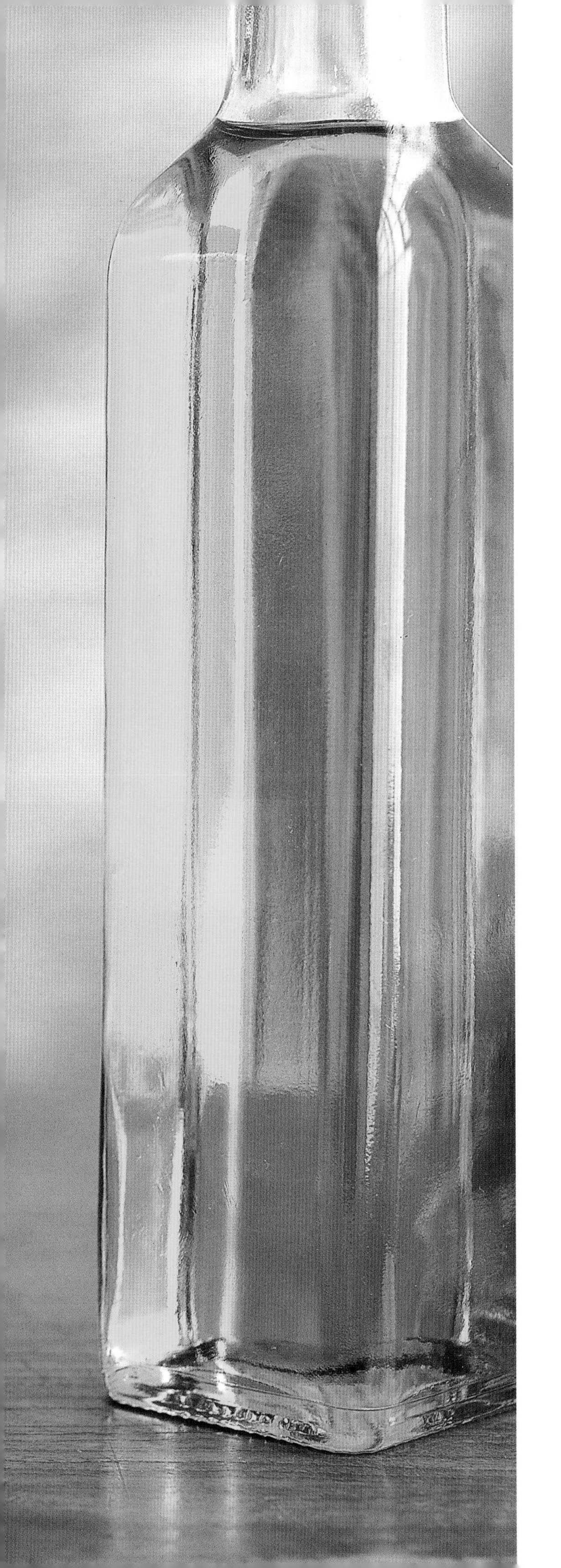

VINAGRETAS Y EMULSIONES

Algunas de las mejores salsas del mundo son emulsiones, incluyendo el alioli fortalecido con ajo y la versátil familia de las vinagretas. En este capítulo, una vinagreta caliente de tocino agrega brío a una escarola, mientras que una suave y tersa beurre blanc proporciona sofisticación al robalo salteado y también, una salsa sabayón anima una pierna de cordero asada.

ENSALADA DE BETABEL Y HIERBAS DE CANÓNIGO CON VINAGRETA DE JEREZ

VARIACIONES DE LA VINAGRETA

La vinagreta más básica contiene solamente aceite, vinagre, sal y pimienta. Aunque en esta receta se utilizan aceite de oliva y vinagre de jerez, se pueden hacer docenas de variaciones. Experimente sustituyendo parte del vinagre con jugo de limón o de naranja, y agregue una cucharadita de ralladura cítrica para resaltar el sabor. Otros ingredientes magníficos para vinagreta incluyen: cebollín fresco cortado con tijeras o chalotes finamente picados. Agregue éstos a la mezcla justo antes del aceite.

PARA LA VINAGRETA:

½ chalote pequeño, finamente picado

2 cucharaditas de mostaza de Dijon

2 cucharadas de vinagre de jerez

Sal y pimienta recién molida

7 cucharadas (105 ml/3½ fl oz) de aceite de oliva extra virgen

2 cucharaditas de hierbas frescas, finamente picadas, como estragón, cebollín, albahaca o perifollo (opcional)

4 betabeles pequeños, de aproximadamente 90 g (3 oz) cada uno

4 ramas pequeñas de tomillo

1¼ cucharadita de aceite de oliva extra virgen

Sal y pimienta recién molida

½ taza (60 g/2 oz) de nueces en mitades

4 tazas (125g/4 oz) de hierbas de canónigo (mâche) empacadas sueltas (vea Nota)

Para preparar la vinagreta, en un tazón pequeño mezcle el chalote con la mostaza, vinagre, ½ cucharadita de sal y ¼ cucharadita de pimienta. Integre lentamente el aceite en un fino chorro continuo, batiendo constantemente hasta que se forme una emulsión espesa y tersa, aproximadamente 1 minuto. Refrigere para dejar que los sabores se combinen. Justo antes de mezclar la vinagreta con las hierbas de canónigo, vuelva a batirla, e incorpore las hierbas frescas, si las usa.

Precaliente el horno a 190°C (375°F). Coloque los betabeles al centro de una hoja grande de papel aluminio, poniendo una rama de tomillo sobre cada betabel. Rocíe cada betabel con ¼ cucharadita del aceite de oliva y sazone con una pizca de sal y una de pimienta. Doble los lados del paquete y ciérrelo para que quede perfectamente sellado. Colóquelo sobre una charola de horno y cueza entre 45 y 60 minutos, hasta que los betabeles se sientan tiernos al picarlos con un cuchillo filoso. Retire del horno y deje enfriar dentro del papel aluminio; desenvuelva. Retire la piel con sus dedos o con un cuchillo desmondador.

En una pequeña sartén antiadherente para freír, sobre calor medio bajo, caliente el ¼ cucharadita de aceite de oliva restante. Agregue las nueces y tuéstelas 1 ó 2 minutos, moviendo ocasionalmente hasta que estén ligeramente doradas y aromáticas. Sazone con una pizca de sal y pase las nueces a un plato.

Utilizando una mandolina o un cuchillo filoso, corte los betabeles en rebanadas muy delgadas. Divida los betabeles en platos individuales fríos o acomódelos sobre un platón, en forma de abanico. En un tazón mezcle las hierbas de canónigo con la cantidad suficiente de vinagreta para cubrir las hojas. Coloque unas cuantas hierbas de canónigo sobre cada una de las porciones de betabel. Distribuya las nueces sobre la ensalada y sirva.

Nota: La hierba de canónigo (mâche), también llamada ensalada de campo o lechuga de cordero (debido a que aparece a principios de la primavera), es una suave y delicada hortaliza para ensalada, con hojas ovales, que crece en pequeños racimos sueltos.

RINDE 4 PORCIONES

ENSALADA DE ESCAROLA CON VINAGRETA CALIENTE DE TOCINO

125 g (¼ lb) de tocino rebanado grueso, cortado en piezas de 12 mm (½ in)

1 cabeza de escarola grande (endibia de Batavia), fuerte, sin las hojas exteriores verde oscuro

1 cucharada de aceite de oliva

1 diente de ajo, ligeramente machacado

1 cucharada de vinagre de jerez

2 cucharaditas de vino de jerez

2 cucharadas de aceite de nuez o pistache *(vea explicación a la derecha)*

Sal y pimienta recién molida

⅓ taza (45 g/1½ oz) de nueces o pistaches, picados grueso

En una olla pequeña ponga tres cuartas partes de agua a hervir sobre calor alto. Agregue el tocino y cocine aproximadamente 5 minutos, hasta que esté pálido y esponjoso. Escurra, y coloque sobre toallas de papel para secar.

Rasgue las hojas de escarola para dejarlas del tamaño de un bocado. Lávelas, séquelas y colóquelas en un tazón amplio de ensalada.

En una sartén sobre calor medio, caliente el aceite de oliva. Agregue el ajo y el tocino y cocine moviéndolo ocasionalmente, de 3 a 5 minutos, hasta que el ajo esté dorado (no deje que se queme) y el tocino esté crujiente y dorado. Retire el ajo y deseche. Agregue el vinagre y el vino de jerez y ponga a hervir; sirva la mezcla sobre la escarola. Usando pinzas, mezcle de inmediato para cubrir las hojas uniformemente y suavizarlas. Rocíe el aceite de nuez sobre la ensalada, agregue ½ cucharadita de sal y ¼ cucharadita de pimienta; mezcle una vez más. Distribuya las nueces sobre la ensalada y sirva de inmediato.

RINDE 4 PORCIONES

ACEITES DE NUEZ

Usar aceites de nuez, ya sea nuez, avellana o pistache, es una forma maravillosa de variar el sabor de una vinagreta. Sustituya un aceite de nuez solamente por la mitad, no por todo el aceite que lleve la vinagreta; de lo contrario, el sabor puede ser abrumador. Un poco de aceite de pistache combina perfecto con una ensalada de pollo a la parrilla o espárragos al vapor; el delicado aceite de avellana complementa una ensalada de trucha o una mezcla de hongos silvestres, y el aceite de nuez es excelente en cualquiera de las lechugas de la familia de la escarola: endibias belgas (witloof/chicoria) lechuga frisée y radicchio.

ATÚN DORADO CON SALSA VERDE ITALIANA

SALSA VERDE

La versión mexicana de salsa verde, con base en tomate verde (tomatillo), es quizá la más conocida, aunque esta salsa italiana picante y salada tiene también gran aceptación. En esta receta se usan las anchoas blancas españolas por su suavidad. Éstas algunas veces son etiquetadas como boquerones en vinagre. Busque alcaparras empacadas en sal, que tienen mejor sabor que las que vienen empacadas en salmuera. Si usa alcaparras empacadas en sal, enjuáguelas antes de usarlas. Por último, no sustituya el perejil liso por perejil chino; le faltará sabor a la salsa.

PARA LA SALSA:

2 filetes de anchoa blanca española *(vea explicación a la izquierda)* o 1 filete de anchoa normal empacada en aceite

1 diente de ajo, finamente picado

1¼ taza (75 g/2½ oz) compacta de hojas de perejil liso (italiano) fresco

¼ taza (15 g/½ oz) compacta de hojas de menta fresca

1 cucharada de alcaparras, enjuagadas

1 cucharadita de mostaza de Dijon

1½ cucharadita de vinagre de vino blanco o tinto

⅓ taza (80 ml/3 fl oz) de aceite de oliva extra virgen

4 filetes de atún ahi para sushi, de 155 a 185 g (5 a 6 onzas) y de aproximadamente 3 cm (1¼ in) de grueso, cada uno

Sal de mar fina y pimienta recién molida

1 cucharadita de aceite de canola o vegetal

Para preparar la salsa, mezcle en un mini procesador de alimentos las anchoas, ajo, perejil, menta, alcaparras, mostaza y vinagre. (Si usa anchoas normales, primero remójelas 5 minutos en agua caliente hasta cubrir, escurra y seque con una toalla de papel). Procese hasta que quede tersa. Con el motor encendido, integre el aceite de oliva en chorro continuo y mezcle hasta que quede tersa. Tape y refrigere por lo menos 1 hora para que se mezclen los sabores.

Sazone generosamente los dos lados de los filetes de atún con sal y pimienta; deje reposar 5 minutos. Caliente una sartén grande de hierro fundido o una plancha sobre la estufa a calor alto. Agregue el aceite de canola. Cuando el aceite esté caliente, agregue el atún y selle 1½ minuto. Voltee el atún y selle hasta que el atún empiece a dorarse, aproximadamente 1½ minuto más. Si le gusta el centro bastante crudo, sirva de inmediato. O, si desea, reduzca el calor a bajo y cocine 1minuto más de cada lado para obtener un término medio, o entre 3 y 4 minutos más para dejarlo bien cocido.

Pase el atún a platos individuales precalentados y cubra cada pieza con una cucharada grande de salsa verde. Sirva de inmediato.

RINDE 4 PORCIONES

CALABACITAS FRITAS CON ALIOLI

PARA EL ALIOLI:

2 ó 3 dientes de ajo grandes, rebanados

Sal y pimienta blanca recién molida

1 huevo entero, más 1 yema de huevo, a temperatura ambiente

1 cucharadita de vinagre de vino blanco

1 cucharadita de mostaza de Dijon

½ taza (125 ml/4 fl oz) de aceite de oliva extra virgen

¾ taza (180 ml/6 fl oz) de aceite de canola o vegetal

1 cucharada de agua hirviendo

1 cucharada de jugo de limón fresco

500 g (1 lb) de calabacitas (zucchini) pequeñas, verdes y amarillas

½ taza (60 g/2 oz) de harina de arroz

1 cucharadita de páprika

Sal y pimienta blanca recién molida

⅛ cucharadita de pimienta de Cayena

Aceite de canola o vegetal para fritura profunda

Para preparar el alioli, en un mortero con su mano, muela el ajo con ½ cucharadita de sal hasta que se forme una pasta tersa. Pase toda la mezcla a un procesador de alimentos pequeño y agregue el huevo, yema de huevo, vinagre y mostaza. Procese hasta integrar. Con el motor encendido, incorpore lentamente el aceite de oliva y el de canola; una vez que la mezcla forme una emulsión, podrá empezar a agregarlos más rápidamente. Agregue el agua hirviendo, el jugo de limón y ¼ cucharadita de pimienta blanca; pulse 2 ó 3 veces. Tape y refrigere hasta el momento de servirlo.

Recorte los extremos de las calabacitas. Corte transversalmente en piezas de 6.5 cm (2½ in) y parta cada una de estas piezas a lo largo, en cuatro. En un tazón grande, mezcle la harina de arroz, páprika, ¾ cucharadita de sal, ¼ cucharadita de pimienta blanca y la pimienta de Cayena. Agregue las piezas de calabacitas y voltee para que se cubran uniformemente; páselas a un colador y agite suavemente para retirar el exceso de harina.

Precaliente el horno a 65°C (150°F).Vierta el aceite de canola a una freidora u olla amplia, a unos 5 cm (2 in) de profundidad, y caliente hasta que un termómetro de fritura profunda registre 190°C (375°F). Trabajando en tandas, agregue los vegetales al aceite caliente y fría aproximadamente 5 minutos, hasta que estén dorados. Usando una espumadera o una cuchara ranurada, pase a toallas de papel para escurrir brevemente; colóquelos en un plato térmico. Recaliente dentro del horno hasta que las calabacitas estén fritas.

Para servir, coloque un tazón con el alioli sobre un platón; rodee con las calabacitas fritas y espolvoree con sal.

Nota: Esta receta contiene huevos crudos. Para mayor información, vea la página 115.

RINDE DE 4 A 6 PORCIONES

VARIACIONES DE MAYONESA

El alioli es una variación de mayonesa, una salsa de emulsión clásica. La *rémoulade* también es otra variación. Para preparar la *rémoulade,* proceda igual que para el alioli, pero use únicamente 1 diente de ajo e integre 2 cucharadas de mostaza de Dijon, ¼ taza (60 g/2 oz) de alcaparras finamente picadas, 1 cucharada de perejil liso italiano y la misma cantidad de estragón, frescos y finamente picados, y 1 cucharadita de pasta de anchoas a la mayonesa é lista. Sirva con ejotes blanqueados o raíz de apio.

ROBALO SALTEADO CON BEURRE BLANC

BEURRE BLANC

La beurre blanc ("mantequilla blanca") es una salsa sencilla, aunque elegante, en la que se usa mantequilla como emulsificante en vez de usar huevos. Algunas personas dicen que esta salsa fue "descubierta" por accidente, cuando un chef en el sur de Francia olvidó integrar los huevos al estar preparando una salsa bernesa y se sorprendió por el maravilloso resultado. La beurre blanc se prepara tradicionalmente con un vino blanco vigoroso, como el Sauvignon Blanc o el Sancerre y, por ser tan delicada, la salsa combina a la perfección con un pescado blanco suave como el robalo.

Para preparar la beurre blanc, en una pequeña sartén sobre calor medio alto mezcle el vino con el vinagre y el chalote; hierva. Reduzca el calor a bajo y hierva a fuego lento aproximadamente 12 minutos, hasta que se reduzca a 1 cucharada aproximadamente. Vigile con mucho cuidado para que el líquido no llegue a evaporarse por completo. Retire del calor.

Mientras se esté reduciendo la mezcla de vino, empiece a cocinar el pescado. Seque ligeramente los filetes de robalo con toallas de papel y sazone ambos lados con sal y pimienta blanca. En una sartén grande antiadherente, sobre calor medio, derrita 1 cucharada de mantequilla. Cuando la espuma comience a desaparecer y la mantequilla se empiece a dorar, ladee la sartén para cubrirla uniformemente. Agregue los filetes y cocine aproximadamente 2 minutos, hasta que se empiecen a dorar. Voltee los filetes cuidadosamente y cocine cerca de 2 minutos más, hasta que estén firmes al tacto y su centro se vea opaco al picarlo con un cuchillo.

Para terminar la salsa, vuelva a colocar la mezcla de vino sobre calor bajo. Agregue ⅓ taza de mantequilla de golpe y bata continuamente hasta que la mantequilla se derrita y forme una emulsión. Agregue ¼ cucharadita de sal, ¼ cucharadita de pimienta blanca, 2 cucharadas de cebollín y bata una vez más. Retire del calor y tape; sirva la salsa en el curso de 5 minutos.

Para servir, pase los filetes a platos individuales precalentados, cubra con la beurre blanc y adorne con cebollín.

RINDE 4 PORCIONES

⅔ taza (160 ml/5 fl oz) de vino blanco seco, como Sauvignon Blanc

2 cucharadas de vinagre de vino blanco o de vinagre de Champagne

1 chalote grande, finamente picado

4 filetes de robalo o filetes de otro pescado blanco, de 185 a 220 g (6 a 7 oz) y de aproximadamente 12 mm (½ in) de grueso, cada uno

Sal y pimienta blanca recién molida

1 cucharada, más 1⅓ taza (90 g/3 oz) de mantequilla sin sal, a temperatura ambiente, cortada en 6 piezas

2 cucharadas de cebollín fresco, finamente recortado con tijeras (página 114), más el necesario para adornar

PIERNA DE CORDERO ASADA CON SABAYÓN DE PIMIENTO ROJO

3 cucharadas de ajo finamente picado (de 4 a 6 dientes)

Sal y pimienta negra recién molida

2 cucharadas de aceite de oliva

1 pierna de cordero con hueso, de 2 a 2.5 kg (4 a 5 lb)

1 limón entero, con cáscara, en rebanadas muy delgadas

PARA EL SABAYÓN:

1 pimiento rojo (capsicum)

¼ taza (125 ml/4 fl oz) de vino blanco seco o vermouth

4 yemas de huevo

4 cucharadas (60 g/2 oz) de mantequilla sin sal, fría y cortada en 8 piezas

Sal y pimienta blanca recién molida

2 cucharaditas de menta fresca, finamente picada

Precaliente el horno a 260°C (500°F). En un tazón mezcle el ajo, 1 cucharada de sal, 1½ cucharadita de pimienta negra y el aceite de oliva e integre. Usando un pequeño cuchillo filoso, haga 10 incisiones, de aproximadamente 4 cm (1½ in) de profundidad en el cordero. Introduzca parte de la mezcla de ajo dentro de los cortes y unte el resto sobre el exterior del cordero.

Extienda papel aluminio sobre un asador, con el lado brillante hacia abajo, y acomode las rebanadas de limón sobre el papel aluminio en una sola capa. Coloque el cordero sobre el papel y ase durante 20 minutos. Reduzca la temperatura del horno a 150°C (300°F) y ase aproximadamente 30 ó 40 minutos más, hasta que un termómetro de lectura instantánea introducido en la parte más gruesa del cordero y lejos del hueso, registre 54°C (130°F). Pase el cordero a una tabla para cortar, cubra con papel aluminio y deje reposar de 10 a 15 minutos.

Ase el pimiento rojo *(vea explicación a la derecha)* y corte en piezas de 2.5 cm (1 in). Pase a un procesador de alimentos, agregue el vino y procese hasta que quede un puré terso. Deje enfriar el puré a temperatura ambiente. Coloque las yemas de huevo en un tazón de acero inoxidable y bata incorporando el puré de pimiento. Ponga el tazón sobre una sartén con agua hirviendo a fuego bajo (pero sin que la toque). Bata aproximadamente 7 minutos, hasta que la mezcla espese, duplique su volumen y se pueda ver el fondo del tazón mientras se bate. Incorpore la mantequilla batiendo, 2 piezas cada vez, hasta que quede tersa. Retire del calor e integre ½ cucharadita de sal y ¼ cucharadita de pimienta blanca. Incorpore la menta con movimiento envolvente. Sirva de inmediato.

Corte el cordero en rebanadas delgadas y sirva en platos individuales precalentados. Pase el sabayón a una salsera y lleve a la mesa.

Variación: Para preparar el Sabayón de Limón, omita el pimiento rojo de la receta anterior y sustituya por una cucharada de jugo de limón fresco.

Nota: Este platillo contiene huevos que pueden estar parcialmente cocidos. Para mayor información, vea la página 115.

RINDE 6 PORCIONES

ASANDO PIMIENTOS

Los pimientos se pueden asar sosteniéndolos directamente sobre la llama de su estufa o colocándolos dentro de un asador. En cualquier caso, deles vuelta con las pinzas hasta que la piel se ampule y queme por todos lados; tenga cuidado de no dejar que se queme la pulpa. Ponga los pimientos ennegrecidos dentro de una bolsa de papel o plástico, cierre perfectamente y deje reposar durante 10 minutos. Retire la piel carbonizada con sus dedos. Haga una incisión a lo largo de los pimientos, retire los tallos, semillas y membranas, y córtelos como desee.

SALMÓN AL VAPOR CON CHARMOULA

CHARMOULA

La *charmoula* es una preparación marroquí clásica que puede usarse como marinada o salsa, y que por lo general se sirve con pescado. Contiene muchos ingredientes mediterráneos conocidos, aunque las dosis adicionales de páprika y de comino le dan un carácter norafricano distintivo. Para preparar la salsa sin un procesador de alimentos, pique finamente el ajo o páselo a través de una prensa, pique las hojas del cilantro y del perejil muy finamente, y mezcle con el ajo y las hierbas en un tazón que no cause reacción. Agregue los ingredientes restantes y bata hasta que esté tersa.

PARA LA CHARMOULA:

4 dientes de ajo

⅓ taza (20 g/⅔ oz) compacta de hojas de cilantro fresco

⅓ taza (20 g/⅔ oz) compacta de hojas de perejil liso (italiano) fresco

¼ taza (60 ml/2 fl oz) de jugo de limón fresco

Sal

1½ cucharadita de páprika

¾ cucharadita de comino molido

⅛ ó ¼ cucharadita de pimienta de Cayena

½ taza (125 ml/4 fl oz) de aceite de oliva extra virgen

4 filetes de salmón cortados del centro, de aproximadamente 185 g (6 oz) cada uno, sin piel

Para preparar la *charmoula*, en un procesador de alimentos con el motor encendido, agregue los dientes de ajo, uno a la vez, hasta que estén finamente picados. Añada el cilantro, perejil, jugo de limón, 1 cucharadita de sal, páprika, comino y pimienta de Cayena al gusto; procese hasta obtener un puré terso. Agregue lentamente el aceite, procesando hasta que esté terso y forme una emulsión. Mida 3 cucharadas de la salsa y reserve. Coloque la salsa restante en un tazón de servicio, tape y refrigere.

Retire el pescado y la salsa restante del refrigerador y deje reposar a temperatura ambiente durante 20 minutos.

En una vaporera grande u otra olla grande, ponga agua hasta 2.5 cm (1 in) de profundidad, y hierva lentamente sobre calor medio bajo. Coloque la rejilla de una vaporera u otra rejilla grande sobre el agua hirviendo a fuego lento. Acomode los filetes de salmón sobre un refractario, coloque el platón sobre la rejilla y cubra herméticamente; deje cocer al vapor aproximadamente 8 minutos, hasta que el pescado esté firme al tacto y su interior se vea ligeramente opaco al picarlo con un cuchillo.

Pase el pescado a platos individuales precalentados y cubra cada filete con una cucharada generosa de la *charmoula*. Lleve a la mesa la salsa restante.

RINDE 4 PORCIONES

SALSAS A LA SARTÉN

Cuando usted aprovecha el glaseado caramelizado que se forma en la sartén en donde salteó o asó la carne, pollo o pescado, el resultado es una rica salsa, sazonada y fácil de preparar. Entre las salsas clásicas francesas están: la salsa de mantequilla tostada, que se puede usar como terminación sencilla para la raya salteada, y una salsa picante a las tres pimientas, que es una salsa fácil de preparar para acompañar medallones de puerco.

PECHUGAS DE POLLO SALTEADAS CON SALSA DE MOSTAZA DE GRANO ENTERO

DESGLASANDO

Cuando la carne, pescado o pollo son salteados en la sartén con mantequilla o aceite, el proceso de caramelización produce un "fondo" o capa dorada de trocitos sazonados en la base de la sartén. Para incorporar este delicioso residuo a la salsa, una vez que la carne ha sido retirada, se desglasa la sartén agregándole un líquido, que por lo general es vino o caldo, y se mueve y raspa la base de la sartén. El líquido suaviza el fondo, lo cual permite que se desprenda fácilmente con una cuchara de madera para integrarlo a la salsa final.

Coloque en el horno un refractario grande y precaliente a 65ºC (150ºF).

Enjuague las pechugas de pollo y seque con toallas de papel. Con un mazo de carnicero, golpee ligeramente las pechugas para dejarlas de un grosor uniforme de 12 mm (½ in).

Sazone ambos lados con sal y pimienta.

En una sartén grande sobre fuego medio-alto, derrita la mantequilla con el aceite. Cuando empiece a subir la espuma, añada las pechugas de pollo sin llenar demasiado la sartén y cocine cerca de 2 minutos, sin mover, justo hasta que empiecen a dorarse. Voltee el pollo y cocine de 2 a 2½ minutos más, hasta que estén firmes al tacto y no haya rastros color de rosa en el centro al insertar un cuchillo. Pase las pechugas de pollo al refractario colocado dentro del horno.

Para preparar la salsa de mostaza, vuelva a colocar la sartén sobre fuego medio-bajo y agregue el chalote. Cocine, cerca de 1 minuto, moviendo hasta que se haya suavizado ligeramente. Añada el vino y suba el fuego a medio-alto. Deje hervir, de 2 a 3 minutos, moviendo con una cuchara de madera para desglasar los trocitos sazonados del fondo y lados de la sartén, hasta que el vino se haya reducido a 2 cucharadas. Integre la crema, ½ cucharadita de sal y ¼ cucharadita de pimienta y deje hervir a fuego lento, moviendo frecuentemente, de 1 a 2 minutos, hasta que la salsa esté lo suficientemente espesa para cubrir el revés de la cuchara. Retire del fuego e integre inmediatamente la mostaza, batiendo hasta dejar tersa.

Pase las pechugas de pollo a platos individuales precalentados. Cubra cada una con 2 ó 3 cucharadas de salsa y sirva de inmediato.

RINDE 4 PORCIONES

4 pechugas de pollo, sin piel y partidas a la mitad

Sal y pimienta recién molida

2 cucharaditas de mantequilla

2 cucharaditas de aceite de canola o aceite de oliva

PARA LA SALSA DE MOSTAZA:

1 chalote, picado

½ taza (125 ml/4 fl oz) de vino blanco seco o vermouth

¾ taza (180 ml/6 fl oz) de crema espesa (doble)

Sal y pimienta recién molida

3 cucharadas de mostaza de grano entero

POLLO ROSTIZADO CON GRAVY A LA SARTÉN

1 pollo de 1.750 a 2 kg (3 ½-4 lb)

Sal y pimienta recién molida

6 dientes de ajo sin pelar, machacados

4 ramas de tomillo fresco

4 ramas de romero fresco

2 cucharadas de mantequilla, derretida

1 taza (250 ml/8 fl oz) de vino blanco seco o vermouth

PARA LA SALSA GRAVY A LA SARTÉN:

2 cucharadas de harina de trigo (simple)

2 cucharadas de jerez (opcional)

1 taza (250 ml/8 fl oz) de caldo de pollo (página 112) o consomé preparado

¼ taza (60 ml/2 fl oz) de crema espesa (doble)

Sal y pimienta negra recién molida

1 ó 2 cucharadas de mostaza de Dijon, o al gusto (opcional)

Precaliente el horno a 200°C (400°F). Enjuague el pollo por dentro y por fuera y seque con toallas de papel. Sazone generosamente por dentro y por fuera con sal y pimienta. Ponga el ajo, tomillo y romero en el interior de la cavidad. Coloque el pollo con la pechuga hacia arriba sobre una rejilla en una charola de horno (no es necesario amarrarlo). Barnice el pollo con la mantequilla derretida.

Coloque la charola en el horno con las patas del pollo hacia atrás. Rostice cerca de 40 minutos, hasta que la piel empiece a dorarse. Reduzca la temperatura del horno a 165°C (325°F) y vierta el vino en la charola. Rostice, cerca de 40 ó 45 minutos más, volteando el pollo con la pechuga hacia abajo parte del tiempo, hasta que un termómetro de lectura instantánea insertado en la parte más gruesa del muslo (fuera del hueso) registre 77°C (170°F), o hasta que los jugos salgan claros cuando se pique una pierna con un cuchillo. Apague el horno, pase el pollo o un platón refractario y coloque en el horno con la puerta entre abierta.

Para preparar el gravy, vierta los jugos de la charola en una jarra refractaria medidora y deje reposar por 1 minuto. Tome 1 ó 2 cucharadas de la grasa de la superficie y vuelva a colocar en la charola. Coloque la charola sobre la estufa a fuego medio, añada la harina y cocine, cerca de 2 minutos, moviendo y vigilando cuidadosamente para que no se queme. Rocíe el jerez, si lo usa, y el caldo y cocine, cerca de 2 minutos, moviendo para raspar los trocitos sazonados del fondo y lados de la charola. Desnate el resto de la grasa de los jugos de la charola y deseche. Regrese los jugos a la charola y hierva a fuego lento por 2 minutos. Añada la crema, batiendo, y hierva a fuego lento hasta que espese ligeramente, cerca de 1 minuto más. Sazone al gusto con sal y pimienta. Integre la mostaza, batiendo, si la usa.

Trinche el pollo y sirva. Vierta el gravy en una salsera y coloque sobre la mesa.

RINDE 4 PORCIONES

CONSEJOS PARA ROSTIZAR

Rostizar un pollo es una de las cosas más sencillas y también una de las que tiene más trucos para hacerlo perfectamente. Tres consejos sencillos le ayudarán a garantizar su éxito. Primero, asegúrese de que el pollo esté a temperatura ambiente para lograr un cocimiento uniforme. Segundo, seque el pollo completamente después de enjuagarlo. Si hay demasiada humedad, el pollo se cocerá al vapor en vez de rostizarse. Finalmente, siempre ponga el pollo en el horno con las patas hacia atrás, en la parte más caliente del horno. La pechuga se cuece más rápidamente que las piernas y, por lo tanto, es más difícil de sobre cocinar si está hacia el frente.

ENTRECÔTE DE RES CON SALSA MERCHAND DE VIN

SALSA MARCHAND

La salsa *marchand de vin* ("salsa del mercader de vino") es un maravilloso acompañamiento para los filetes preparados a la sartén. El vino que se recomienda para este platillo es un tinto de cuerpo completo como el Cabernet Sauvignon. El vino es usado para desglasar la sartén después de haber cocido los filetes en ella y se reduce para obtener una rica y sabrosa salsa. El mismo vino se usa para preparar una mantequilla sazonada que se integra a la salsa justo antes de servirse para agregar sabor y lograr una consistencia tersa.

PARA LA MANTEQUILLA MERCHAND DE VIN:

1 taza (250 ml/8 fl oz) de vino tinto seco

1 chalote, finamente picado

3/4 taza de (185 g/6 oz) de mantequilla, en cubos, a temperatura ambiente

1 cucharada de jugo de limón fresco

1 cucharada de perejil liso (italiano), finamente picado

Sal y pimienta recién molida

2 filetes de entrecôte (vea Nota), rib-eye, o New York, de 250 g (8 oz) cada una

Sal y pimienta recién molida

2 cucharaditas de aceite de canola o aceite de oliva

½ taza (125 ml/4 fl oz) de vino tinto seco

2 cucharadas de agua

Para preparar la mantequilla *marchand de vin,* mezcle en una olla el vino y el chalote, hierva a fuego lento de 12 a 15 minutos, hasta reducir a 2 cucharadas. Deje enfriar. Mientras tanto, en un tazón mezcle la mantequilla, jugo de limón y perejil. Integre la mezcla fría del vino, ¼ cucharadita de sal y una pizca de pimienta. Reserve.

Meta un refractario grande al horno y precaliente a 65°C (150°F). Seque los filetes con toallas de papel y sazone ambos lados generosamente con sal y pimienta.

En una sartén grande no reactiva sobre fuego alto, caliente el aceite. Justo antes de que empiece a humear, añada los filetes y cocine, sin mover, por 2½ minutos. Voltee los filetes y cocine 2 minutos más para término rojo, 3 minutos más para término medio-rojo y 4 minutos más para término medio. Pase los filetes al refractario que está dentro del horno.

Deseche la grasa de la sartén inmediatamente e integre el vino y el agua. Coloque la sartén sobre fuego alto y cocine moviendo para raspar los trocitos pegados en el fondo y lados de la sartén hasta que el líquido se reduzca a cerca de 1 cucharada. Retire del fuego y deje enfriar ligeramente, cerca de 1½ minuto. Agregue ½ taza (125 ml/4 fl oz) de la mantequilla *marchand de vin* (usted tendrá un sobrante) y bata hasta que la salsa se emulsione y espese ligeramente.

Pase los filetes a platos individuales precalentados. Cubra cada filete con varias cucharadas de la salsa y sirva de inmediato.

Nota: El entrecôte, parecido al rib-eye, es un corte particularmente suave, sin hueso de la sección del costillar de la res.

RINDE 2 PORCIONES

CHULETAS DE CORDERO SALTEADAS CON REDUCCIÓN DE BALSÁMICO

8 ó 12 chuletas de filete de cordero de aproximadamente 4 cm (1½ in) de grueso cada una

Sal y pimienta recién molida

2 cucharaditas de aceite de canola o aceite de oliva

2 cucharaditas de mantequilla

30 g (1 oz) de prosciutto, finamente picado

1 poro, únicamente la parte blanca, finamente picada o 2 chalotes, picados

½ taza (125 ml/4 fl oz) de vinagre balsámico de buena calidad

½ taza (125 ml/4 fl oz) de salsa media glasa *(vea explicación a la derecha)* o 1 taza (250 ml/8 fl oz) de caldo de res, reducido a ½ taza

Permita que las chuletas de cordero reposen a temperatura ambiente durante 30 minutos. Seque con toallas de papel y sazone ambos lados generosamente con sal y pimienta.

Meta un refractario grande al horno y precaliente a 65ºC (150ºF). En una sartén grande sobre fuego medio-alto, caliente el aceite. Justo antes de que empiece a humear, añada las chuletas y cocine, sin mover, por 2½ ó 3 minutos. Voltee las chuletas y cocine por 2 ½ ó 3 minutos más. Con unas pinzas, selle la línea de grasa de las orillas de cada chuleta por aproximadamente 15 segundos. Pase las chuletas al refractario que está dentro del horno.

Limpie la sartén con toallas de papel y regrese a fuego medio. Derrita la mantequilla, añada el prosciutto y el poro, cocine moviendo cerca de 2 minutos, hasta que el poro esté suave y el prosciutto dorado. Aumente el fuego a medio-alto y agregue el vinagre balsámico. Deje hervir a fuego lento y cocine moviendo para raspar los trocitos pegados en el fondo y lados de la sartén, aproximadamente 1½ minuto, hasta que el líquido se reduzca a dos terceras partes. Agregue la media glasa, ¼ cucharadita de sal y una pizca de pimienta. Deje hervir a fuego lento y cocine 1 minuto más.

Pase las chuletas a platos individuales precalentados y cubra con varias cucharadas de la salsa.

Nota: Las chuletas de filete de cordero son pequeñas; calcule 2 chuletas por persona para comensales que comen poco y 3 para comensales con mucho apetito.

RINDE DE 4 A 6 PORCIONES

MEDIA GLASA

La salsa media glasa (demi-glace) de ternera, un fondo de muchas salsas clásicas, es la mezcla de caldo, salsa oscura y vino que ha sido reducido para proporcionar un intenso y profundo sabor. Antiguamente los cocineros tenían que hacerla en casa, quitándoles mucho de su tiempo. Hoy en día, se encuentra en buenos supermercados y tiendas para gourmets. La media glasa comercial de ternera, varía en consistencia. Si su salsa final está muy espesa, añada una o dos cucharaditas de agua. Usted puede sustituirla en casa por caldo de res reducido a la mitad, pero la salsa final no va a ser tan buena.

MEDALLONES DE PUERCO SELLLADOS CON SALSA DE TRES PIMIENTAS

GRANOS DE PIMIENTA

Los granos de pimienta negros, blancos y verdes, vienen de la misma planta, *Piper nigrum*. Los granos de pimienta negros son los frutos de la planta sin madurar; éstos son fermentados y deshidratados al sol, lo cual torna su piel oscura. Los granos de pimienta blanca están maduros, ya que se conservan en la planta durante más tiempo. Una vez cosechados, se remojan y se retira su piel dejando a la vista sus semillas blancas. Son más suaves que los granos de pimienta negros. Los granos de pimienta verde, con su sabor refrescante, se cosechan sin madurar y se conservan deshidratados o embotellados en salmuera.

Coloque un refractario grande en el horno y precaliente a 65ºC (150ºF). Seque los medallones de puerco con toallas de papel. Con un mazo de carnicero, golpee ligeramente hasta obtener un grosor uniforme de aproximadamente 3 cm (1¼ in). Frote con el aceite y deje reposar 15 minutos. En un plato, mezcle los granos de pimienta negros y blancos. Presione los medallones sobre los granos de pimienta firmemente para que se adhieran.

Coloque una sartén grande sobre fuego medio-alto. Espolvoree ambos lados de cada medallón con una pizca pequeña de sal. Cuando la sartén esté muy caliente, coloque los medallones (sin amontonar). Cocine cerca de 2½ minutos, sin mover y presione sobre ellos, hasta que estén ligeramente dorados en la base. Voltee y cocine, sin mover, 1 minuto. Reduzca el fuego a muy bajo y cocine cerca de 1½ minuto más, hasta que estén firmes al tacto. Pase al refractario que está dentro del horno.

Limpie la sartén y vuelva a colocar sobre fuego medio. Derrita la mantequilla, añada el chalote y saltee cerca de 2 minutos, hasta que esté ligeramente suave. Agregue los granos de pimienta verde y cocine moviendo durante 1 minuto. Regrese los medallones y los jugos acumulados a la sartén, añada el Cognac y ½ cucharadita de sal y aumente el fuego a medio-alto. Sacuda la sartén ligeramente por 1 minuto, añada la crema y la media glasa. Gire a mezclar y deje hervir a fuego lento por 1 minuto más, cubra con cucharadas de la salsa. Sazone al gusto con sal. Pase los medallones a platos individuales precalentados y cubra con varias cucharadas de la salsa. Sirva de inmediato.

Nota: Los medallones de puerco son pequeños cortes del filete sin hueso.

RINDE 4 PORCIONES

8 medallones de puerco, de 90 g (3 oz) cada uno, sin grasa (vea Nota)

1 cucharada de aceite de canola o aceite de oliva

1 cucharada de granos de pimienta negra, molidos grueso

1½ cucharadita de granos de pimienta blanca, molidos grueso

Sal

1 cucharada de mantequilla

1 chalote grande, picado

2 cucharadas de granos de pimienta verde, escurridos si vienen empacados en salmuera *(vea explicación a la izquierda)*

3 cucharadas de Cognac u otro brandy

½ taza (125 ml/4 fl oz) de crema espesa (doble)

¼ taza (60 ml/2 fl oz) de media glasa de ternera (página 53) o 1 taza (250 ml/8 fl oz) de caldo de res, reducido a ¼ taza

RAYA CON SALSA DE MANTEQUILLA TOSTADA Y ALCAPARRAS

4 filetes de raya (alas) sin piel ni hueso, de aproximadamente 185 g (6 oz) cada uno

Sal y pimienta recién molida

Aproximadamente 1 taza (155 g/5 oz) de harina de trigo simple

2 cucharaditas de aceite de canola

PARA LA MANTEQUILLA TOSTADA:

⅓ taza (90 g/3 oz) de mantequilla, a temperatura ambiente, más 2 cucharadas de mantequilla fría, cortada en 4 trozos

¼ taza (60 ml/2 fl oz) de alcaparras, preferentemente empacadas en sal y enjuagadas

2 cucharadas de vinagre balsámico de buena calidad

2 cucharadas de perejil liso (italiano) fresco, finamente picado

¼ ó ½ cucharadita de jugo de limón fresco

Coloque un refractario grande en el horno y precaliente a 65ºC (150ºF).

Seque los filetes con toallas de papel y sazone ambos lados con sal y pimienta. Coloque la harina en un tazón poco profundo.

En una sartén grande sobre fuego medio-alto, caliente el aceite (o use 2 sartenes si fuera necesario para no amontonar, haciendo la salsa en una de las sartenes). Enharine los filetes, sacudiendo para retirar el exceso y coloque en la sartén. Saltee y voltee con cuidado una vez, cerca de 5 minutos de cada lado, hasta que estén firmes y dorados. Pase al refractario que está en el horno.

Para hacer la mantequilla tostada, limpie la sartén con una toalla de papel y vuela a colocar sobre fuego medio. Derrita ⅓ taza de mantequilla en la sartén. Apenas se empiece a oscurecer (no deje que se queme) retire la sartén del fuego y cuidadosamente añada las alcaparras y el vinagre (salpicará). Agregue 2 cucharadas de la mantequilla y el perejil; gire la sartén únicamente hasta que se derrita la mantequilla y la salsa espese ligeramente. Integre ¼ cucharadita de jugo de limón y pruebe la acidez, añada el resto del jugo si lo desea.

Rocíe la salsa sobre los filetes y sirva de inmediato.

Variación: Si no encuentra raya, sustituya por 16 callos de hacha grandes, de preferencia sellados al vacío. Espolvoree con harina como se explica anteriormente y selle, volteando una vez, de 2 a 2½ minutos de cada lado, hasta que los callos estén firmes y dejen de estar traslúcidos cerca del centro.

RINDE 4 PORCIONES

MANTEQUILLA TOSTADA

La mantequilla tostada, conocida en Francia como *beurre noisette* ("mantequilla de avellana"), es simplemente mantequilla derretida que ha sido cocinada hasta que se vuelve oscura y desarrolla un intenso sabor. El primer desafío para hacerla, es conocer el punto para detener la cocción. Si se cocina por mucho tiempo, la mantequilla se quemará y se volverá amarga. Para interrumpir la cocción rápidamente, tenga junto a la estufa un tazón amplio con agua fría y sumerja la base de la sartén cuando la mantequilla haya llegado al tono café deseado.

CHULETAS DE PUERCO CON SALSA DE OPORTO Y CEREZAS DESHIDRATADAS

REDUCCIONES

Usted puede reducir cualquier líquido hirviéndolo vigorosamente. Al hacerlo disminuirá el volumen por medio de la evaporación, concentrando el sabor y espesando la consistencia. Entre más largo sea el tiempo empleado para la reducción de un líquido, se acentuará el sabor y se espesará su consistencia. La salsa final se llama comúnmente reducción. Ya que los sabores se magnificarán al llevar a cabo este procedimiento, es mejor usar ingredientes de alta calidad.

Coloque un refractario grande en el horno y precaliente a 65ºC (150ºF).

Seque las chuletas de puerco con toallas de papel y sazone ambos lados generosamente con sal y pimienta. Con un colador o cernidor, espolvoree ligeramente ambos lados con harina.

En una sartén grande sobre fuego medio-alto, caliente el aceite (use 2 sartenes si fuera necesario para evitar que se amontonen, prepare la salsa en una de las sartenes). Cuando el aceite empiece a humear, añada las chuletas y cocine cerca de 2½ minutos, sin mover. Voltee las chuletas y cocine cerca de 2½ minuto más, hasta que estén doradas y firmes al tacto. Pase al refractario que está dentro del horno.

Vuelva a colocar la sartén sobre fuego medio y prepare la salsa de Oporto y cerezas deshidratadas. Cuidadosamente añada el Oporto y las cerezas a la sartén (salpicarán). Hierva a fuego lento y desglase la sartén, raspando los trocitos dorados del fondo y lados de la sartén y cocine cerca de 2 minutos, hasta que el líquido se haya reducido a la mitad. Añada el caldo, vinagre, romero, ¼ cucharadita de sal y una pizca de pimienta. Deje hervir a fuego lento cerca de 2 minutos, hasta que la salsa se convierta en una miel ligera. Pruebe y rectifique la sazón. Retire la sartén del fuego. Agregue la mantequilla, si la usa, y gire la sartén cerca de 30 segundos, hasta que la mantequilla se derrita y la salsa espese ligeramente.

Pase las chuletas a platos individuales precalentados, cubra con varias cucharadas de la salsa y sirva de inmediato.

RINDE 4 PORCIONES

4 filetes de lomo de puerco o chuletas de puerco sin grasa, de 185 a 220 g (6-7 oz) cada una

Sal y pimienta recién molida

Harina de trigo (simple), para espolvorear

2 cucharaditas de aceite de canola o aceite vegetal

PARA LA SALSA DE OPORTO Y CEREZAS DESHIDRATADAS:

1 taza (250 ml/8 fl oz) de Oporto ruby

⅔ taza (90 g/3 oz) de cerezas o arándanos deshidratados, remojados en agua por 20 minutos y escurridos

½ taza (125 ml/4 fl oz) de caldo de pollo (página 112) o consomé preparado

¼ cucharadita de vinagre de vino tinto

1 cucharadita de romero fresco picado

Sal y pimienta recién molida

2 cucharadas de mantequilla, cortada en 4 trozos (opcional)

SALSAS PARA PASTA

Los italianos han convertido un tazón de salsa para pasta en todo un arte: tome en cuenta el color brillante y sabor herbal de un pesto bien hecho cuando acompaña a un delicado pelo de ángel, o la tersura gratificante de un fettuccini Alfredo. Un ragù clásico se cocina a fuego lento por horas para lograr su máximo sabor, pero la mayoría de las salsas para pasta pueden hacerse rápidamente y con muy poco esfuerzo.

GNOCCHI A LA ROMANA CON SALSA CLÁSICA DE JITOMATE

PELANDO Y RETIRANDO SEMILLAS DE LOS JITOMATES

Para pelar y retirar las semillas de los jitomates, primero marque una cruz poco profunda en la parte final de cada jitomate. Sumerja los jitomates en agua hirviendo por 20 segundos, después sumérjalos en agua fría. Empezando en la cruz, retire la piel con sus dedos o con un cuchillo mondador. (Los duraznos pueden pelarse usando el mismo método). Corte a la mitad a lo ancho y presione para retirar las semillas. Si no encuentra jitomates de buena calidad para esta receta, los jitomates enteros guaje (Roma) enlatados son un buen sustituto.

Para preparar los gnocchi, en una olla sobre fuego medio-alto, mezcle la leche, 1½ taza (375 ml/12 fl oz) de agua, mantequilla, ½ cucharadita de sal y ¼ cucharadita de pimienta blanca; hierva. Reduzca el fuego a medio-bajo y vierta lentamente la harina de semolina en hilo delgado, batiendo hasta que no tenga grumos. Reduzca a fuego lento y cocine moviendo, cerca de 8 minutos, hasta que espese. Añada ½ taza de queso Parmesano y la salvia. Retire del fuego. Pase la mezcla de semolina a una charola para hornear húmeda. Usando una espátula, unte la mezcla hasta dejar una capa delgada de 12 mm (½ in) de grueso. Cubra con una toalla de cocina y deje reposar por lo menos 1 hora a temperatura ambiente o refrigere durante toda la noche.

Para preparar la salsa, en una sartén grande sobre fuego medio-alto, caliente el aceite. Añada el ajo y saltee 1 ó 2 minutos hasta dorar. Añada los jitomates con su jugo y machaque con una cuchara de madera. Deje hervir y reduzca a fuego medio. Agregue el vino, ½ cucharadita de sal, una pizca de pimienta negra y hierva a fuego lento durante 15 minutos. Retire del fuego y deje reposar 5 minutos. Deseche el ajo. Pase la salsa a través de un molino de alimentos o haga puré en un procesador de alimentos. Añada la albahaca antes de terminar el platillo.

Precaliente el horno a 200ºC (400ºF). Engrase ligeramente con aceite un refractario de horno redondo de 25 cm (10 in). Con un cortador de galletas circular de 7.5 cm (3 in) corte la mayor cantidad de gnocchi. Enróllelos dejando un pequeño espacio en el centro. Acomode en círculo en una sola capa dentro del refractario preparado. Espolvoree con ¼ taza de queso Parmesano. Rocíe la salsa alrededor de las orillas y en el centro del platillo; no cubra los gnocchi completamente con salsa.

Hornee de 20 a 25 minutos, hasta que el queso se derrita y dore ligeramente y que la salsa burbujee. Deje reposar 5 minutos y sirva.

RINDE 6 PORCIONES

PARA LOS GNOCCHI:

1½ taza (375 ml/12 fl oz) de leche

3 cucharadas de mantequilla

Sal y pimienta blanca recién molida

¾ taza (125 g/4 oz) de harina de semolina (página 115)

½ taza (60 g/2 oz) de queso Parmesano rallado

2 cucharaditas de salvia fresca, picada

PARA LA SALSA DE JITOMATE:

1 cucharada de aceite de oliva extra virgen

1 diente de ajo, machacado

750 g (1½ lb) de jitomates guaje (Roma) maduros, sin piel ni semilla *(vea explicación a la izquierda)*, o 2 tazas (500 g/16 oz) de jitomates de lata con su jugo

2 cucharadas de vino blanco seco o vermouth

Sal y pimienta negra recién molida

1 cucharada de albahaca fresca, rebanada

¼ taza (30 g/1 oz) de queso Parmesano rallado

BUCATINI CON SALSA A LA AMATRICIANA

PARA LA SALSA:

1 cucharada de aceite de oliva extra virgen

60 g (2 oz) de pancetta o tocino, picado

½ cebolla blanca o amarilla, finamente picada

½ cucharadita de hojuelas de chile rojo

⅔ taza (160 ml/5 fl oz) de vino tinto seco

2 tazas (500 g/16 oz) de jitomates de lata con su jugo o 750 g (1½ lb) de jitomates guaje (Roma), sin piel ni semillas (página 62), partidos en cubos

Sal y pimienta negra recién molida

3 hojas de albahaca fresca, finamente picadas

2 cucharaditas de perejil liso (italiano) fresco, finamente picado

2 cucharadas de queso pecorino romano, más las hojuelas rasuradas necesarias para servir

Sal kosher

500 g (2 lb) de bucatini o spaghetti

En una sartén sobre fuego medio-bajo, caliente el aceite. Añada la pancetta y saltee de 2 a 3 minutos, hasta que esté ligeramente dorada. Añada la cebolla y las hojuelas de chile y cocine de 5 a 6 minutos, moviendo ocasionalmente, hasta que la cebolla esté suave. Agregue el vino y deje hervir a fuego lento cerca de 1½ minuto, hasta que casi se haya evaporado.

Añada los jitomates con su jugo y machaque con una cuchara de madera. Hierva a fuego lento y cocine sin tapar 10 minutos, hasta que espese ligeramente. Añada ½ cucharadita de sal y una pizca de pimienta negra. Retire la salsa del fuego y añada la albahaca, perejil y queso rallado. Sazone al gusto con sal y pimienta, tape la sartén.

Mientras tanto, ponga una olla grande con tres cuartas partes de agua a hervir rápidamente sobre fuego alto. Añada 1 cucharada de sal kosher y la pasta. Cocine hasta que esté al dente. Escurra la pasta y coloque en un platón precalentado. Agregue la salsa y mezcle hasta cubrir la pasta uniformemente. Divida la pasta entre platos individuales precalentados y cubra con algunas hojuelas rasuradas del queso. Sirva de inmediato.

RINDE 4 PORCIONES

SALSA AMATRICIANA

En Italia, esta salsa sencilla, la cual es particularmente popular en Roma, está hecha con *guanciale* (cachete de puerco curado) pero la pancetta o el tocino son excelentes sustitutos. La salsa es originaria de Amatrice, un pueblo en Lazio cerca de la frontera con Abruzzo. Por lo general se mezcla con bucatini, que es muy parecido al spaghetti, pero ligeramente más fuerte y ahuecado en el centro. La Amatriciana se sirve con queso pecorino romano, pero también se puede usar queso Parmesano.

PELO DE ANGEL CON PESTO

ALBAHACA

Alguna vez fue difícil encontrar albahaca de temporada. Sin embargo, hoy en día la albahaca fresca se puede encontrar fácilmente durante todo el año. Esta aromática hierba tiende a volverse amarga cuando la planta madura: las hojas pequeñas y jóvenes son más suaves y ligeramente apimentadas, mientras que las hojas grandes pueden opacar la salsa con su potencia. Al blanquear las hojas antes de mezclarlas con otros ingredientes ayudará a mantener el pesto con un bonito color esmeralda.

Para preparar el pesto tueste los piñones, cerca de 2 minutos, en una sartén pequeña sobre fuego medio, agitando la sartén con frecuencia, hasta que estén ligeramente dorados. Pase los piñones a un plato y deje enfriar.

Coloque en una olla pequeña tres cuartas partes de agua a hervir sobre fuego alto. Añada la albahaca, presionando con una cuchara para sumergir las hojas; escurra inmediatamente en una coladera. Pase las hojas a un tazón con agua con hielo, mezcle y deje enfriar 3 minutos, vuelva a escurrir. Exprima manojos pequeños de la albahaca para extraer toda el agua posible y pique toscamente.

En un mortero o molcajete, mezcle los piñones, ajo y aproximadamente 1 cucharadita de sal. Con la mano del mortero, muela hasta obtener una pasta tersa. Añada la mitad de la albahaca y muela para formar una pasta. Añada el resto de la albahaca y muela hasta dejarla bastante tersa. Añada la espinaca y ¼ cucharadita de pimienta y muela hasta incorporar. Agregue el aceite de oliva, 2 cucharadas a la vez, moliendo y tallando contra los lados del mortero hasta que se forme una pasta tersa. Añada el jugo de limón a la mezcla e integre. (Esto también se puede hacer en un procesador de alimentos pequeño). Pase a un tazón no reactivo e integre el queso con movimiento envolvente.

Mientras tanto, ponga una olla grande con tres cuartas partes de agua a hervir rápidamente sobre fuego alto. Añada 1 cucharada de sal kosher y la pasta, cocine hasta que esté al dente. Escurra la pasta reservando ¼ de taza (60 ml/2 fl oz) del agua de cocimiento. Coloque la pasta en un platón precalentado. Agregue el pesto y el agua reservada y mezcle hasta cubrir la pasta uniformemente. Sirva de inmediato y pase el queso Parmesano a la mesa.

Variación: Hay muchas variaciones del pesto clásico, como en esta receta, que añade espinaca pequeña a la mezcla: Sustituya perejil o arúgula (rocket) por la mitad de la albahaca, reemplace los piñones por nuez y ajuste la cantidad de ajo al gusto personal.

RINDE 4 PORCIONES

PARA LA SALSA:

2 cucharadas de piñones

1½ taza (90 g/3 oz) compacta de hojas de albahaca fresca

2 dientes de ajo grandes, picados

Sal y pimienta recién molida

½ taza (15 g/½ oz) de espinacas pequeñas, sin tallo, las hojas picadas toscamente

½ taza (125 ml/4 fl oz) de aceite de oliva extra virgen

1 cucharada de jugo de limón fresco

⅓ taza (45 g/1½ oz) de queso Parmesano o queso grana padano, rallado

Sal kosher

500 g (1 lb) de pasta pelo de ángel

Queso Parmesano o queso grana padano, rallado, para acompañar

FETTUCCINI ALFREDO

1 taza (250 ml/8 fl oz) de crema espesa (doble)

2 cucharadas de mantequilla sin sal

Sal kosher

500 g (1 lb) de fettuccini seco

Sal y pimienta blanca recién molida

1 pizca de nuez moscada recién molida

1 taza (125 g/4 oz) de queso Parmesano o grana padano, rallado

En una olla grande ponga tres cuartas partes de agua y hierva rápidamente.

En una sartén grande sobre calor medio, mezcle la crema con la mantequilla. Deje hervir, reduzca el calor a medio-bajo y hierva a fuego lento, cerca de 1 minuto, moviendo de vez en cuando hasta que espese ligeramente. Retire del fuego.

Una vez que el agua haya hervido, agregue 1 cucharada de sal kosher y la pasta; cocine hasta que esté al dente. Escurra bien la pasta, sacudiendo el exceso de agua. Añada la pasta a la salsa y coloque sobre fuego bajo. Mezcle la pasta para cubrir uniformemente y añada ½ cucharadita de sal, ⅛ cucharadita de pimienta blanca y la nuez moscada. Hierva a fuego lento, 1 ó 2 minutos, mezclando y moviendo hasta que la pasta haya absorbido prácticamente toda la salsa. Retire del fuego y añada 3/4 taza (90 g/3 oz) de queso, mezclando hasta que el queso se derrita y cubra la pasta uniformemente. Espolvoree con el ¼ de taza (30 g/1 oz) de queso restante.

Divida la pasta en platos individuales precalentados y sirva de inmediato.

RINDE 4 PORCIONES

SALSA ALFREDO

Esta mezcla sencilla de crema, mantequilla y queso, debe su nombre al chef romano Alfredo Di Lelio, el cual sirvió la hoy legendaria salsa a Douglas Fairbanks y Mary Pickford en su luna de miel, en 1920. Ellos reportaron comerla cada noche de su visita a Roma y después la difundieron al regresar a Hollywood. La clave del éxito de esta salsa son los ingredientes de buena calidad. La variedad de queso Parmesano es muy grande; el importado Parmigiano-Reggiano es la mejor elección. El Grana padano, un queso añejo similar del norte de Italia, es una excelente alternativa.

RUOTE CON JITOMATE, ALBAHACA Y MOZZARELLA FRESCO

QUESO MOZZARELLA FRESCO

El orgullo de una región de la campiña del sur de Italia, el queso mozzarella, es un queso fresco, hecho de la inmersión de los cuajos en agua caliente y después amasado y moldeado en bolas. Las bolas se venden empacadas en suero o en agua. El queso *Mozzarella di bufala*, hecho de leche de búfalos de agua, es el mozzarella más fino, pero el mozzarella de leche de vaca fresco hecho en Italia y en otros lugares, es un buen sustituto. Este queso es altamente perecedero, por lo tanto úselo lo más pronto posible después de comprarl.

En un tazón grande y amplio no reactivo mezcle los jitomates y el jugo que soltaron en la tabla de picar, ajo, albahaca, 1½ cucharadita de sal, una pizca de pimienta, queso y aceite de oliva y mezcle hasta integrar. Cubra con plástico adherente y deje reposar a temperatura ambiente 2 horas, para que se integren los sabores.

Coloque una olla grande con tres cuartas partes de agua a hervir rápidamente sobre fuego alto. Añada 1 cucharada de sal kosher y la pasta. Cocine hasta que esté al dente. Reserve ¼ de taza (60 ml/2 fl oz) del agua de cocimiento. Escurra la pasta, añada a la salsa en el tazón y mezcle a cubrir la pasta uniformemente (no deje reposar antes de mover, o el queso se derretirá y se apelmazará). Añada el agua reservada e integre. Rocíe con el vinagre balsámico y sirva de inmediato en tazones individuales precalentados.

Nota: Ruote es un tipo de pasta seca con forma de rueda de carreta, que combina bien con salsas sustanciosas. En México se le conoce como engrane. Otras formas como el penne, farfalle o fusilli, pueden sustituirla en esta receta.

RINDE 4 PORCIONES

750 g (1½ lb) de jitomates guaje (Roma), sin piel ni semillas (página 62), en cubos

2 dientes de ajo, picados

10 a 15 hojas de albahaca fresca, en trozos pequeños

Sal y pimienta recién molida

250 g (½ lb) de queso mozzarella fresco, en cubos

⅔ taza (160 ml/5 fl oz) de aceite de oliva extra virgen

Sal kosher

500 g (1 lb) de pasta ruote (vea Nota)

1 cucharadita de vinagre balsámico añejado

LINGUINE CON LANGOSTA EN SALSA DE ESTRAGÓN

PARA LA SALSA:

1 caparazón de langosta *(vea explicación a la derecha)*

3 cucharadas de mantequilla

2 chalotes pequeños, picados grueso

1 zanahoria pequeña, sin piel y picada grueso

1 poro pequeño, únicamente la parte blanca, picado grueso

½ cucharadita de puré de tomate

1 hoja de laurel

1 rama de tomillo fresco

2 ramas de estragón, fresco

Sal y pimienta blanca recién molida

2 cucharaditas de Cognac

¾ taza (180 ml/6 fl oz) de vino blanco seco o vermouth

250 g (½ lb) de queso mozzarella fresco, en cubos

2 tazas (500 ml/16 fl oz) de crema espesa (doble)

2 cucharaditas de mantequilla

185 g (6 oz) de carne de langosta cocida, picada grueso

Sal kosher

500 g (1 lb) de linguine seco

1 cucharada de estragón fresco, picado

Para preparar la salsa, ponga el caparazón de langosta en una bolsa de plástico y golpee con un mazo de carnicero o un rodillo.

En una sartén grande, sobre fuego medio-alto, derrita 3 cucharadas de mantequilla. Añada el caparazón en trozos y saltee, de 2 a 3 minutos, moviendo frecuentemente, hasta que se dore y aromatice. Agregue los chalotes, zanahoria, poro, puré de tomate, hoja de laurel y ramas de tomillo y estragón; reduzca a fuego medio. Saltee, 2 minutos, moviendo frecuentemente. Sazone con sal y pimienta blanca.

Añada el Cognac y cocine 1 minuto. Agregue el vino y cocine, cerca de 8 minutos, moviendo ocasionalmente, hasta que esté casi completamente evaporado. Vierta, moviendo, la crema, ¾ cucharadita de sal y ¼ cucharadita de pimienta blanca. Deje que hierva a fuego lento sin tapar, cerca de 15 minutos, reduciendo el fuego y moviendo de vez en cuando, hasta que esté ligeramente espeso. Cuele a través de un colador de malla fina hacia un tazón o una jarra medidora, presionando sobre los sólidos para extraer la mayor cantidad de salsa. Limpie la sartén con una toalla de papel para retirar cualquier trocito del caparazón y regrese la salsa a la sartén. Rectifique la sazón, deje reposar por 20 minutos. Recaliente suavemente justo antes de servir.

En una sartén pequeña, sobre fuego bajo, derrita 2 cucharadas de mantequilla. Añada la carne de langosta y cocine 3 minutos, moviendo ocasionalmente, hasta que esté caliente. Retire del fuego; mantenga caliente.

Mientras tanto, coloque una olla grande con tres cuartas partes de agua a hervir rápidamente sobre fuego alto. Añada 1 cucharada de sal kosher y la pasta. Cocine hasta que esté al dente. Escurra la pasta y añada la salsa para cubrirla uniformemente. Añada la mitad del estragón picado e incorpore una vez más. Pase a un tazón grande precalentado y cubra con la carne de langosta y el resto del estragón. Sirva de inmediato.

RINDE 4 PORCIONES

TRABAJANDO CON LANGOSTA

Para hacer la salsa de langosta con más sabor, comience con el caparazón vacío de la langosta. El caparazón dará un excelente sabor y color a la salsa, incluso después de haber retirado la carne. La próxima vez que cocine langosta u ordene una en algún restaurante, guarde el caparazón y mantenga en el congelador. Los mercados de mariscos también tendrán caparazones vacíos a la mano. Si no consigue caparazones de langosta, usted puede usar 185 g (6 oz) de camarones (langostinos) con su piel, picados grueso.

PAPPARDELLE FRESCA CON RAGÚ

SOFRITO

Todos los *ragù* italianos (salsas con carne) se hacen comúnmente empezando con un *soffritto,* una mezcla de cebolla, zanahoria y apio salteado en aceite de oliva. (En la cocina francesa este trío se llama *mirepoix*). Algunas veces el *soffritto* también contiene ajo, perejil, y/o prosciutto o pancetta, y puede ser la base no sólo del *ragù*, sino también de un sinnúmero de salsas, braseados y sopas italianas. Cuando prepare un *ragù,* es importante cocinar el *soffritto* sobre fuego moderado, el tiempo suficiente para que se suavicen las verduras.

Para preparar el *ragù,* caliente el aceite de oliva en un horno holandés u olla grande sobre fuego medio-bajo. Añada la cebolla, zanahoria y apio; cocine moviendo de vez en cuando, cerca de 10 minutos, hasta que la cebolla esté dorada. Agregue el ajo y hojas de laurel, cocine 1 minuto. Añada la res y el puerco y cocine cerca de 7 minutos, mezclando para separar cualquier trozo, hasta que la carne ya no esté rosada. Añada el vino, suba a fuego alto y cocine cerca de 5 minutos, hasta que se reduzca ligeramente. Agregue los cubos de jitomate, puré de tomate y crema; integre. Reduzca el calor a bajo, tape parcialmente, y cocine 1½ hora o más, moviendo de vez en cuando, hasta que se integren los sabores y la salsa se espese y se haya reducido ligeramente. Integre ¾ cucharadita de sal y ¼ cucharadita de pimienta y cocine 10 minutos más. Deseche las hojas de laurel. Pruebe y rectifique la sazón, integre la albahaca.

Aproximadamente 10 minutos antes de que la salsa esté lista, coloque una olla grande con tres cuartas partes de agua a hervir rápidamente. Añada 1 cucharada de sal kosher y la pasta al agua y cocine aproximadamente 1½ ó 2 minutos para pasta hecha en casa o un poco más de tiempo para pasta fresca comprada.

Ponga 2 tazas (500 ml/16 fl oz) de la salsa en un platón grande precalentado. Escurra la pasta y añada al tazón. Mezcle a cubrir la pasta uniformemente y espolvoree con la ½ taza de queso Parmesano. Cubra con cucharadas de salsa y sirva de inmediato. Lleve queso adicional a la mesa.

RINDE 6 PORCIONES

PARA EL RAGÙ:

3 cucharadas de aceite de oliva extra virgen

1 cebolla blanca pequeña y la misma cantidad de zanahoria y de tallo de apio, finamente picados

2 dientes de ajo, picados

2 hojas de laurel

250 g (½ lb) de carne molida de res y la misma cantidad de carne molida de puerco o ternera

1 taza (250 ml/8 fl oz) de vino tinto de cuerpo entero

1 lata de jitomates guaje (Roma) de 440 g (14 oz) en cubos, con su jugo

1 lata de 440 g (14 oz) de puré de tomate

¾ taza (180 ml/6 fl oz) de crema espesa (doble)

Sal y pimienta recién molida

8 hojas grandes de albahaca, picadas en tiras delgadas

Sal kosher

625 g (1¼ lb) de pappardelle fresca hecho en casa (página 113) o comprado

½ taza (60 g/2 oz) de queso Parmesano rallado, más el necesario para servir

SALSAS, PURÉS Y RELISHES

Las salsas se originaron en América Latina y la salsa mexicana clásica, llamada salsa fresca, quizás sea la más popular y versátil de todas ellas. Tanto la salsa argentina picante chimichurri como el mojo cubano, añaden brío y sabor a las carnes asadas, mientras que el romesco, el puré español que contiene almendras y pimientos, da un sabor contrastante al pescado frito.

QUESADILLAS CON SALSA FRESCA

VARIEDADES DE CHILE

Hoy en día usted encontrará una gran variedad de chiles frescos en el supermercado y en las tiendas especializadas en alimentos. El chile Anaheim largo, suave y estrecho, no es muy picante y es apropiado para rellenar; el poblano, más ancho y corto, es más picante y siempre se usa cocido o asado. De los chiles picantes, el jalapeño, de color verde brillante es el más suave, mientras que el serrano es bastante fuerte. El pequeño chile Tai es tres veces más picante que el serrano y los chiles habaneros son demasiado picantes (Vea la página 24 para seguir las instrucciones en cuanto al manejo de chiles).

Para preparar la salsa, retire las semillas de los jitomates según las instrucciones de la página 62, pero no les quite la piel. Corte en cubos de 6 mm (¼ in). En un tazón no reactivo, mezcle los jitomates, cebolla morada, chile, cilantro picado, jugo de limón, ½ cucharadita de sal, una pizca de pimienta y mezcle a integrar. La salsa es mejor cuando se sirve de inmediato, pero puede taparse y refrigerar hasta por 6 horas.

Coloque un refractario grande en el horno y precaliente a 65ºC (150ºF). Para preparar las quesadillas, coloque una sartén antiadherente sobre fuego medio-bajo. Coloque la tortilla en la sartén y espolvoree uniformemente ½ taza (60 g/2 oz) de la mezcla de queso, dejando una orilla de 12 mm (½ in) sin cubrir. Espolvoree uniformemente con un cuarto de las cebollitas de cambray, sazone generosamente con sal y pimienta y rocíe con una cucharadita de salsa Tabasco, si la usa. Espolvoree con otra ½ taza de queso y cubra con una segunda tortilla. Cocine, presionando ocasionalmente con una espátula, cerca de 2 minutos, hasta que el queso se empiece a derretir. Voltee la quesadilla cuidadosamente y cocine cerca de 1 minuto más, hasta que un poco del queso derretido aparezca en las orillas. Pase al refractario que está en el horno. Repita la operación con el resto de las tortillas y los demás ingredientes para hacer 4 quesadillas en total.

Con un cuchillo largo o un cortador de pizza, corte cada quesadilla en cuartos y cubra cada triángulo con una generosa cucharada de salsa y un poco de crema ácida. Decore con ramas de cilantro y sirva de inmediato.

Variación: Hay muchas variaciones de la salsa fresca clásica. Sustituya los jitomates con cualquier fruta suave; cebollín o chalotes en vez de la cebolla morada; y perejil en vez de cilantro.

RINDE 4 PORCIONES

PARA LA SALSA:

3 jitomates guaje (roma)

3 cucharadas de cebolla morada, finamente picada

1 chile jalapeño, sin semillas, finamente picado

½ taza (15 g/½ oz) de hojas de cilantro fresco, picadas grueso

1 cucharada de jugo de limón fresco

Sal y pimienta recién molida

PARA LAS QUESADILLAS:

8 tortillas de harina, de 20 cm (8 in) de diámetro

1⅓ taza (155 g/5 oz) de queso Monterrey Jack, Cheddar blanco o Mozzarella ahumado, rallado

4 cebollitas de cambray, incluyendo la parte verde, finamente rebanadas

Sal y pimienta recién molida

4 cucharaditas de salsa Tabasco (opcional)

1 taza (250 ml/8 oz) de crema ácida

LOMO DE PUERCO ASADO CON MOJO DE CEBOLLA MORADA, PEREJIL Y NARANJA

¼ taza (60 ml/2 fl oz) de jerez seco o semi seco

¼ taza (75 g/ 2½ oz) de mermelada de naranja

2 ó 3 kg (4-6 lb) de lomo doble de puerco de 11.5 cm (4½ in) de diámetro (vea Nota)

Sal y pimienta recién molida

PARA EL MOJO:

1 cebolla morada, finamente picada

Ralladura de 2 naranjas, finamente picada

½ taza (125 ml/4 fl oz) de jugo de naranja fresco

¼ taza (60 ml/2 fl oz) de jugo de limón fresco

6 dientes de ajo, picados

Sal y pimienta recién molida

¾ taza (30 g/1 oz) de perejil liso (italiano) fresco, picado

¾ taza (180 ml/6 fl oz) de aceite de oliva extra virgen

En una olla pequeña, sobre fuego medio-alto, integre el jerez y la mermelada. Cocine cerca de 2 minutos, sin dejar de batir, hasta que la mezcla hierva ligeramente. Retire del fuego, tape y reserve.

Retire el exceso de grasa del lomo de puerco, dando forma cilíndrica y amarre con hilo de cocina (cáñamo). Coloque el lomo sobre una charola de horno. Barnice el lomo por todos lados con la mezcla de jerez y sazone generosamente con sal y pimienta. Cubra con plástico adherente y deje reposar a temperatura ambiente por 1 hora.

Mientras tanto, prepare el *mojo:* En un tazón no reactivo integre la cebolla, ralladura de naranja, jugo de limón y naranja, ajo, 1¼ cucharadita de sal, ¾ cucharadita de pimienta, perejil y aceite de oliva y mezcle. Tape y refrigere hasta por 12 horas, hasta el momento de usar. Deje reposar a temperatura ambiente antes de servir.

Precaliente el horno a 200°C (400°F). Barnice el lomo con un poco más de la mezcla de jerez. Ase durante 25 minutos, reduzca la temperatura del horno a 165°C (325°F). Continúe asando, cerca de 1 hora 20 minutos más, bañando frecuentemente con la mezcla de jerez, hasta que un termómetro de lectura instantánea insertado en la parte más gruesa del asado registre los 65°C (150°F). (El tiempo dependerá del grueso, no del peso; un trozo de carne más pequeño se cocerá más rápido).

Pase el lomo a una rejilla, cubra holgadamente con papel aluminio y deje reposar durante 10 minutos. Pase a una tabla de picado y corte en rebanadas de 12 mm a 2 cm (½-¾ in) de grueso. Sirva en platos individuales precalentados adornando con cucharadas de *mojo*.

Nota: El lomo de puerco doble se hace al unir dos filetes de puerco. Tomará más tiempo en cocerse que un solo lomo, pero se mantendrá jugoso.

RINDE DE 8 A 12 PORCIONES

¿QUÉ ES EL MOJO?

El *mojo* es una salsa cubana que se puede servir fría o caliente. Comúnmente contiene aceite de oliva, jugos de cítricos, ajo, hierbas frescas picadas y sazonadores aromáticos, por lo general comino. También puede incluir chalotes o cebollas picadas y ocasionalmente se usa mantequilla para remplazar un poco del aceite de oliva. Se usa como marinada, salsa de mesa o salsa de remojo y es un acompañamiento tradicional para marinar el cochinillo con verduras asadas o a la plancha.

MAHIMAHI A LA PARRILLA CON SALSA DE PIÑA AL TEQUILA

TEQUILA

El tequila se hace de jugo destilado del agave azul, un pariente cercano de la planta centenaria. Hay tres tipos básicos de tequila: tequila *blanco*, también conocido como tequila plateado, que se puede servir legalmente del alambique a la botella, pero a menudo se deja reposar durante algunas semanas en vasijas de acero. El *dorado*, que es tequila blanco al cual se le ha agregado colorante color caramelo. El tequila *reposado* debe permanecer de 2 a 12 semanas en barriles de madera, mientras que el *añejo*, o tequila más refinado, tarda por lo menos un año en barricas de roble y en algunos casos incluso durante más tiempo.

Para hacer la salsa, en un tazón no reactivo mezcle la piña, pimiento, cebolla, chile chipotle, tequila, ¼ cucharadita de sal, menta o hierbabuena y cilantro. Tape y refrigere hasta por 4 horas para permitir que los sabores se integren.

Prepare un asador de carbón o gas para asar directamente sobre calor medio.

Barnice ambos lados de los filetes de mahimahi con el aceite y sazónelos generosamente con sal y pimienta. Ase los filetes, sin moverlos, durante 3 minutos. Usando una espátula de metal voltéelos cuidadosamente, manteniendo intacta la corteza dorada. Ase, sin moverlos, de 1½ a 2 minutos, hasta que estén firmes al tacto y opacos en el centro.

Pase los filetes a platos individuales precalentados y deje reposar de 1 a 2 minutos. Cubra con una cucharada de la salsa y sirva de inmediato.

Nota: Los chiles chipotles en adobo de lata se pueden encontrar en los supermercados bien surtidos y tiendas especializadas en alimentos mexicanos. Una vez abierta la lata, se pueden almacenar en refrigeración en un recipiente de vidrio o plástico tapado. También puede sustituir el chile de lata por ¼ cucharadita del chile chipotle molido.

RINDE 4 PORCIONES

PARA LA SALSA:

¾ taza (140 g/4½ oz) de piña fresca en cubos pequeños de 6 mm (¼ in) o 1 lata de rebanadas de piña (170 g/5½ oz), escurrida y en cubos

½ pimiento (capsicum) grande rojo, en cubos pequeños

1 cucharada de cebolla blanca, finamente picada

1 cucharadita de *chile chipotle en adobo* de lata (vea Nota), sin salsa, finamente picado

1½ cucharadita de tequila *(vea explicación a la izquierda)*, de preferencia *añejo*

Sal

6 hojas de menta o hierbabuena fresca, picadas

1 cucharadita de cilantro fresco picado

4 filetes de mahimahi, cada uno de 185 a 220 g (6-7 oz) y aproximadamente 4 cm (1½ in) de grueso

1 cucharada de aceite de canola o aceite vegetal

Sal y pimienta recién molida

CALAMARES FRITOS CON ROMESCO

500 g (1 lb) de calamares (chipirones) frescos o congelados, descongelados, cortados en anillos de 12 mm (½ in), dejando sus tentáculos intactos

1 taza (250 ml/8 fl oz) de leche

Sal y pimienta negra recién molida

Salsa romesco para acompañar *(vea explicación a la derecha)*

Aceite vegetal o de canola para fritura profunda

1 taza (155 g/5 oz) de harina de arroz o harina de trigo (simple)

½ taza (75 g/2½ oz) de cornmeal amarilla gruesa o polenta

1 cucharada de páprika

⅛ cucharadita de pimienta de cayena, o al gusto

Perejil liso (italiano) fresco, finamente picado, para adornar (opcional)

En un tazón, mezcle los calamares, leche, una pizca de sal y una de pimienta negra. Tape y refrigere de 1 a 4 horas. Mientras tanto, haga la salsa *romesco (vea explicación a la derecha).*

Coloque un platón refractario en el horno y precaliéntelo a 65ºC (150ºF). Vierta aceite en una sartén gruesa y profunda o una olla amplia hasta obtener 5 mm (2 in) de profundidad y caliente hasta registrar 190ºC (375ºF) en un termómetro de fritura profunda.

Mientras se calienta el aceite, escurra los calamares. En un tazón grande, mezcle la harina de arroz, cornmeal, páprika, pimienta de cayena, 1 cucharadita de sal y ¼ cucharadita de pimienta negra. Agregue la mitad de los calamares y mezcle para cubrir uniformemente. Pase los calamares enharinados a un colador y sacuda suavemente para retirar el exceso de harina.

Añada los calamares enharinados al aceite caliente y fría, cerca de 1 minuto, usando un colador de alambre o una cuchara ranurada para empujar suavemente dentro del aceite de vez en cuando, hasta que estén dorados y crujientes. Usando un colador o una cuchara, pase a toallas de papel y escurra brevemente, pase al platón que está en el horno. Repita la operación cubriendo y friendo los calamares restantes de la misma manera.

Adorne los calamares con el perejil, si lo usa, y coloque un refractario pequeño o ramekin con la salsa *romesco* en el centro del platón. Sirva de inmediato.

Nota: La salsa romesco, originaria de Tarragona, en la región catalana de España, se sirve tradicionalmente con pescado asado, frito o escalfado.

RINDE 4 PORCIONES

SALSA ROMESCO

Mezcle en un tazón 30 g (1 oz) de trozos de pan baguette (aproximadamente 2 rebanadas) sin corteza, con 3 cucharadas de vinagre de vino tinto. Coloque ⅓ taza (45 g/1½ oz) de almendras tostadas en un procesador de alimentos y pulse hasta que queden granulosas. Añada el pan mezclado con vinagre, ¼ taza (45 g/1½ oz) de jitomates en cubos, drenados y pimiento rojo (capsicum; página 41) asado y rebanado; 1 diente de ajo; 1 cucharadita de páprika y una pizca de pimienta de cayena. Pulse hasta obtener un puré terso. Con el motor encendido, agregue ¼ taza (60 ml/2 fl oz) de aceite de oliva en hilo continuo hasta que esté terso. Sazone al gusto con sal y pimienta y refrigere durante 1 hora.

ARRACHERA DE RES CON CHIMICHURRI

CHIMICHURRI

En Argentina, el condimento *chimichurri* es ubicuo, muy similar a la salsa catsup en los Estados Unidos o la salsa de soya en China. Se sirve prácticamente con cualquier platillo frito, asado y es imprescindible con la parrillada de carne mixta conocida como *asado* y con empanadas fritas. También se puede usar como marinada. Su textura puede ser tersa o tener cierta consistencia, y también los ingredientes pueden variar, pero siempre lleva aceite de oliva, vinagre o jugo de limón, ajo y hierbas.

1 trozo de arrachera, aproximadamente 1.5 kg (3 lb)

2 cucharadas de aceite de oliva extra virgen

Sal y pimienta negra recién molida

PARA EL CHIMICHURRI:

1½ taza (90 g/3 oz) compacta de hojas y ramas suaves de perejil liso (italiano) fresco

6 dientes de ajo, en cuarterones

2 cucharadas de hojas de orégano fresco

¾ taza (180 ml/6 fl oz) de aceite de oliva extra virgen

Sal de mar gruesa o sal kosher y pimienta negra recién molida

¼ cucharadita de hojuelas de chile rojo

3 cucharadas de vinagre de vino blanco

Seque la arrachera con toallas de papel y colóquela en un refractario grande. Barnice ambos lados con el aceite de oliva y sazone ambos lados generosamente con sal y pimienta. Tape con plástico adherente y refrigere durante 4 horas o por toda la noche. Deje reposar la arrachera a temperatura ambiente aproximadamente durante 45 minutos antes de asar.

Para hacer el *chimichurri*, pique finamente sobre una tabla de picar el perejil, ajo y orégano (este paso también se puede llevar a cabo en un procesador de alimentos). Pase la mezcla a un tazón pequeño e integre el aceite de oliva, 1 cucharada de sal de mar, 1 cucharadita de pimienta negra y las hojuelas de chile rojo. Si no usa el *chimichurri* de inmediato, puede taparlo y refrigerarlo durante 4 horas, hasta el momento de usarlo. Deje reposar a temperatura ambiente antes de usarlo. Justo antes de servirlo, integre el vinagre.

Prepare un asador de carbón o gas para asar directamente sobre calor alto. Ase la carne, sin mover, durante 4 minutos. Voltéela y ase de 4 a 6 minutos más para término medio-crudo o durante más tiempo si lo desea.

Pase la arrachera a una tabla de picado, cubra holgadamente con papel aluminio y deje reposar 5 minutos. Corte diagonalmente en contra del grano en rebanadas de 6 mm (¼ in) de grueso. Divida entre los platos precalentados y cubra cada porción con una cucharada generosa del *chimichurri*. Lleve la salsa restante a la mesa.

RINDE 4 PORCIONES

PECHUGA DE PATO CON SALSA DE DURAZNO Y MANGO

PARA LA SALSA:

1 durazno maduro sin piel, cortado en dados de 12 mm (½ in)

½ mango maduro sin piel ***(vea explicación a la derecha),*** **cortado en dados de 12 mm (½ in)**

½ chile serrano pequeño, sin semillas y finamente picado (aproximadamente ½ cucharadita) o al gusto

3 cebollitas de cambray, incluyendo sus partes suaves de color verde, finamente rebanadas

½ taza (15 g/½ oz) hojas de cilantro fresco, picado grueso

2 cucharadas de pimiento rojo (capsicum) en dados (opcional)

1½ cucharada de jugo de limón fresco

Sal

4 mitades de pechuga de pato sin hueso, de 185 a 220 g (6–7 oz) cada una, con piel

Sal y pimienta negra recién molida

2 cucharaditas de aceite de canola

Para hacer la salsa, mezcle en un tazón no reactivo el durazno, mango, chile, cebollitas de cambray, cilantro, pimiento, jugo de limón y ½ cucharadita de sal e integre. Tape y refrigere por lo menos 30 minutos o hasta por 1 hora para permitir que los sabores se integren.

Deje reposar las pechugas de pato a temperatura ambiente de 30 a 60 minutos. Precaliente el horno a 190ºC (375ºF). Usando un cuchillo filoso, haga varios cortes sobre la piel del pato, teniendo cuidado de no cortar la carne. Sazone generosamente ambos lados de cada pechuga con sal y pimienta.

En una sartén grande y gruesa para horno sobre calor medio-alto caliente el aceite. Agregue las pechugas de pato, con la piel hacia abajo. Cocine, sin mover o presionar sobre ellas, durante 5 minutos, inclinando la sartén y retirando la grasa a la mitad del cocimiento. La piel debe quedar dorada y crujiente. Voltee las pechugas de pato e introduzca la sartén al horno. Cocine aproximadamente 5 minutos más para término medio-crudo y 8 minutos más para término medio. Para revisar el cocimiento, haga una incisión con un cuchillo filoso; la pechuga debe estar de color rosa rojizo para término medio-crudo y rosa muy pálido para término medio. Recuerde que se seguirán cociendo después de que las retire del fuego. Pase las pechugas de pato a una tabla de picado, cubra holgadamente con papel aluminio y deje reposar 5 minutos.

Corte el pato en contra del grano en rebanadas de 12 mm (½ in) de grueso. Coloque la pechuga de pato rebanada en forma de abanico sobre cada plato individual precalentado acompañando con un poco de salsa a un lado. Sirva de inmediato.

RINDE 4 PORCIONES

PREPARANDO MANGO

Usando un pelador de verduras, retire la piel del mango. Colóquelo sobre uno de sus lados delgados y, usando un cuchillo grande y filoso colocado justo en el centro, corte toda la pulpa de uno de los lados del hueso grande, ancho y plano, en una sola rebanada. Repita la operación del otro lado del hueso. Corte la pulpa al gusto. Quedará un poco de pulpa pegada al hueso, la cual se puede cortar pero se hará de una forma poco limpia.

SALSAS DE POSTRES

Las salsas dulces son una forma sencilla de agregar un toque de delicadeza a los postres. La crema inglesa proporciona estilo a un soufflé de manzana, mientras que un coulis de frambuesa añade un toque de color contrastante a una mousse de mango. La salsa de caramelo puede tener sus trucos, pero una vez que ya sea un experto en la técnica básica, querrá hacerla a menudo.

BANANA SPLIT CON SALSA CALIENTE DE CHOCOLATE

VAINILLA

La vaina de vainilla fue cultivada y procesada en un principio por los aztecas, quienes la usaban para dar sabor a una bebida que posteriormente se conocería como chocolate. De las vainas de vainilla del mundo, el 75% viene de Madagascar, siendo Tahití y México los que producen el resto. Cuando tenga tiempo suficiente, siempre es mejor usar vainas de vainilla y raspar sus semillas llenas de sabor del interior. Pero el extracto (esencia) de buena calidad también proporciona el distintivo sabor dulce y complejo que tiene la vaina.

Para hacer la salsa caliente de chocolate mezcle en una olla pequeña y gruesa la cocoa con la cantidad necesaria de agua hirviendo para hacer una pasta espesa, batiendo con un tenedor (si agrega toda el agua de golpe, será difícil desbaratar los grumos). Añada el resto de agua hirviendo, batiendo hasta disolver la cocoa. Coloque la olla sobre calor bajo y agregue la mantequilla. Cuando se haya derretido mezcle con una cuchara de madera, integre el azúcar y la miel de maíz.

Caliente la mezcla a fuego lento, moviendo ocasionalmente; no permita que hierva. Cuando empiecen a formarse pequeñas burbujas alrededor de la orilla de la olla, hierva a fuego lento, cerca de 8 minutos, sin mover, hasta que esté brillante y espesa. Retire del fuego. Usando una cuchara limpia, integre la vainilla. Si no la usa de inmediato, mantenga caliente en un hervidor doble o baño maría.

Acomode 3 cucharadas de helado en línea en el centro de cada uno de los 4 platos ovalados previamente colocados en el congelador. Coloque 1 mitad de plátano, con el lado cortado hacia abajo, a cada lado del helado. Agregue una cantidad generosa de la salsa caliente de chocolate sobre el plátano y adorne con las almendras. Cubra con cucharadas de la crema batida. Adorne cada porción con 3 cerezas marachino, rocíe con licor, si lo usa, y sirva de inmediato.

Para Servir: Si no tiene platos ovalados, corte cada mitad de plátano a la mitad transversalmente. Coloque el helado en tazones redondos fríos y cubra cada porción con las 4 porciones de plátano.

Nota: La salsa caliente de chocolate se puede preparar por adelantado. Deje que se enfríe a temperatura ambiente, tape y refrigere hasta por 1 semana. Recaliente la salsa suavemente en un hervidor doble o baño maría, colocado sobre agua hirviendo ligeramente, justo antes de servir.

RINDE 4 PORCIONES

PARA LA SALSA CALIENTE DE CHOCOLATE:

6 cucharadas (30 g/1 oz) de cocoa en polvo

½ taza (80 ml/3 fl oz) de agua hirviendo

3 cucharadas de mantequilla sin sal, cortada en 6 trozos

1 taza (250 g/8 oz) de azúcar

2 cucharadas de miel de maíz clara

1 cucharadita de extracto (esencia) de vainilla

12 cucharadas pequeñas de helado de vainilla de la mejor calidad (1.5 ó 2 l/3 ó 4 pints)

4 plátanos maduros, sin cáscara y partidos a la mitad

½ taza (60 g/2 oz) de almendras rebanadas (hojuelas)

Crema dulce batida, para acompañar

12 cerezas marachino, escurridas, o frambuesas

Licor, ya sea Grand Marnier o Kahlúa, para rociar (opcional)

SOUFFLÉ DE MANZANA CON CREMA INGLESA

PARA LA CREMA INGLESA:

1 taza (250 ml/8 fl oz) de leche

¾ taza (180 ml/6 fl oz) de crema espesa (doble)

1 vaina de vainilla, partida longitudinalmente, o ½ cucharadita de extracto (esencia) de vainilla

⅓ taza (90 g/3 oz) de azúcar

4 yemas de huevo

PARA EL SOUFFLÉ:

3 manzanas "para comer" ya sea Fuji o Golden Delicious, sin piel, descorazonadas y cortadas en ocho trozos

1 cucharada de vino blanco seco

1 cucharadita de mantequilla sin sal

2 cucharaditas de azúcar, más ⅓ taza (90 g/3 oz)

6 claras de huevo

Una pizca de sal

¼ cucharadita de jugo de limón fresco

Para hacer la crema inglesa, mezcle en una olla gruesa la leche y la crema. Raspe las semillas de la vaina de vainilla hacia la olla y agregue la vaina. Coloque la olla sobre calor medio y hierva a fuego lento. Retire del fuego, agregue el azúcar y mezcle para disolverlo. Deje enfriar 30 minutos; deseche la vaina de vainilla.

En un tazón pequeño, bata las yemas de huevo hasta integrar. Vuelva a colocar la mezcla de leche sobre calor medio-alto para hervir; retire del calor. Integre lentamente, batiendo, una cuarta parte de la mezcla de leche a la mezcla de yemas. Vierta la mezcla de huevos en la olla, batiendo hasta integrar por completo.

Vuelva a colocar sobre calor medio-bajo y caliente moviendo constantemente, de 3 a 4 minutos, hasta que la salsa esté lo suficientemente espesa para cubrir la cuchara *(vea explicación a la derecha);* no permita que hierva. Pase a un tazón refractario y mueva frecuentemente hasta que se enfríe y esté a temperatura ambiente. Si usa extracto de vainilla agregue en este momento. Tape y refrigere hasta por 2 días, hasta el momento de usarla.

Para hacer el soufflé, mezcle en una olla pequeña sobre calor bajo, las manzanas, vino y 1 cucharada de agua. Cocine, tapado, durante 20 minutos, hasta que las manzanas estén suaves. Destape y continúe cocinando 5 minutos más, hasta que el líquido se evapore. Deje que la mezcla se enfríe durante 5 minutos, muela en un procesador de alimentos hasta obtener un puré terso.

Precaliente el horno a 200°C (400°F). Engrase con mantequilla un molde para soufflé con capacidad de 6 tazas (1.5 l/48 fl oz) y espolvoree con 2 cucharaditas de azúcar.

En un tazón grande de metal, usando una batidora eléctrica, bata las claras de huevo hasta esponjar. Agregue la sal y el jugo de limón y bata hasta que se formen picos suaves. Añada lentamente ⅓ taza de azúcar, batiendo hasta que se formen picos duros. Usando una espátula de hule, integre el puré de manzana con movimiento envolvente. Pase la mezcla al molde, dejando que quede ligeramente por encima de la orilla y empareje la superficie.

Hornee de 25 a 30 minutos, hasta que esté esponjoso y firme. Sirva de inmediato sobre platos de postre, acompañando con una cucharada de crema inglesa a un lado.

RINDE DE 4 A 6 PORCIONES

CREMA INGLESA

Al igual que muchas salsas y postres en la tradición europea, la crema inglesa es un tipo de natilla conocida como natilla mezclada (ya que no es horneada). Al igual que cuando se hace salsa holandesa o bernesa, es sumamente importante evitar que las yemas de huevo se calienten demasiado rápido o la salsa se cortará. Para saber cuando una natilla mezclada está lista, use la "prueba de rastro": Levante la cuchara de madera que usó para mezclar la natilla y dibuje rápidamente sobre ella, usando su dedo. Si el rastro de su dedo permanece durante algunos segundos, la salsa tiene la consistencia deseada.

HELADO CON SALSA DE CARAMELO

CONSEJOS PARA EL CARAMELO

Cuando haga caramelo, coloque una brocha de repostería en una taza con agua fría cerca de la estufa. Coloque el mango de la sartén lejos de usted, para que no choque con ella al salpicar con líquido muy caliente. Cocine la mezcla de azúcar sin mover ni girar la sartén hasta que las burbujas se hagan más grandes y empiecen a romperse más lentamente. Si se forman cristales de azúcar en las orillas de la sartén, baje con la brocha húmeda. No use demasiada agua ya que el caramelo se diluirá demasiado y tardará más en dorarse.

PARA LA SALSA DE CARAMELO:

2 tazas (500 g/1 lb) de azúcar

1 taza (250 ml/8 fl oz) de crema dulce para batir

Una pizca de sal

PARA EL HELADO:

2 tazas (500 ml/16 fl oz) de crema dulce para batir

1 taza (250 ml/8 fl oz) de leche

½ taza (125 g/4 oz) de azúcar

4 yemas de huevo

½ cucharadita de extracto (esencia) de vainilla

Para hacer la salsa, mezcle en una olla grande sobre calor medio, el azúcar con ½ taza (125 ml/4 fl oz) de agua y revuelva hasta disolver el azúcar. Eleve la temperatura a media-alta y cocine, sin mover, hasta que se formen burbujas grandes. Continúe cocinando de 10 a 12 minutos, hasta que el caramelo empiece a dorarse. Siga cocinando, ladeando la olla de vez en cuando, pero sin mezclar hasta que tome un color ámbar. Agregue con cuidado la crema en hilo delgado y continuo, batiendo constantemente hasta que las burbujas desaparezcan. Integre la sal. Deje reposar cerca de 20 minutos, divida la salsa a la mitad y deje enfriar. Tape y refrigere hasta por 4 días.

Para hacer el helado, caliente en una olla grande sobre calor bajo, la crema, leche y azúcar, moviendo hasta que se disuelva el azúcar. Caliente pero no deje hervir. Retire del fuego. En un tazón pequeño, bata las yemas de huevo hasta integrar. Incorpore lentamente una cuarta parte de a mezcla de crema, vierta la mezcla de huevos a la olla, batiendo constantemente hasta integrar por completo. Vuelva a colocar sobre calor medio y cocine, moviendo constantemente, de 3 a 4 minutos, hasta que la natilla cubra el revés de la cuchara; no permita que hierva. Integre la vainilla, vierta en una jarra de vidrio y deje enfriar, moviendo ocasionalmente. Tape y refrigere por lo menos durante 4 horas o por toda la noche.

Una hora antes de mezclar el helado, retire la mitad de la salsa de caramelo del refrigerador. Vierta la natilla en una máquina para hacer helado y congele de acuerdo a las instrucciones del fabricante. Cuando tenga la textura de un helado suave, incorpore la salsa de caramelo a temperatura ambiente y gire la manivela hasta distribuirlo y formar vetas gruesas. Coloque en un recipiente y congele hasta el momento de servir.

Recaliente la salsa de caramelo restante en la olla superior de un hervidor doble o baño maría sobre agua caliente hasta que esté tibio, pero no caliente. Sirva el helado en tazones fríos cubriendo con salsa tibia.

RINDE DE 4 A 6 PORCIONES

PANQUÉ DE ALMENDRA CON SALSA DE CHABACANO Y GRAND MARNIER

PARA LA SALSA:

220 g (7 oz) de chabacanos secos, finamente rebanados

2½ tazas (625 ml/20 fl oz) de jugo de naranja fresco

½ cucharadita de extracto (esencia) de vainilla

3 cucharadas de Grand Marnier

PARA EL PASTEL:

1 taza (250 g/8 oz) de mantequilla sin sal, a temperatura ambiente, más la necesaria para engrasar

¾ taza (170 g/5½ oz) de azúcar super fina (caster)

¼ cucharadita de sal

1 cucharadita de extracto (esencia) de vainilla

3 huevos enteros más 3 yemas, a temperatura ambiente

¼ taza (200 g/6½ oz) de harina de trigo (simple)

¾ taza (90 g/3 oz) de almendras molidas (página 114)

1 cucharadita de polvo para hornear

2 cucharadas de hojuelas de almendras

Para hacer la salsa, mezcle en un olla sobre calor medio-alto los chabacanos con el jugo de naranja. Hierva, reduzca la temperatura a media-baja y hierva a fuego lento durante 1 hora, moviendo de vez en cuando. Deje enfriar 10 minutos. Pase la mitad de la mezcla a una licuadora o procesador de alimentos, y procese hasta obtener un puré terso. Vuelva a colocar en la olla, integre la vainilla y el Grand Marnier y reserve.

Para hacer el pastel, precaliente el horno a 180°C (350°F). Engrase un molde antiadherente para panqué de 23 x 13 cm (9 x 5 in). Cubra con papel encerado (para hornear) y frote con un poco más de mantequilla.

En un tazón, usando una batidora de pie adaptada con el batidor a velocidad media, o una batidora de mano, bata la mantequilla con el azúcar y la sal cerca de 8 a 10 minutos, hasta obtener una mezcla pálida y esponjosa. Agregue la vainilla. Añada los huevos y yemas, una a una, batiendo bien después de cada adición (no se preocupe si la masa parece cortada). Usando un colador de malla gruesa, cierna la harina, almendras molidas y polvo para hornear sobre la mezcla de huevo y bata hasta que esté tersa, raspando los lados del tazón conforme sea necesario.

Pase la masa al molde preparado. Hornee durante 25 minutos, y coloque las almendras sobre la superficie. Continúe horneando aproximadamente 25 minutos más, hasta que un palillo de madera insertado en el centro salga limpio. Retire del horno y deje enfriar en el molde durante 10 minutos. Pase un cuchillo alrededor del borde interno del molde para desprender el pastel, saque el pastel, póngalo en su mano y retire el papel. Coloque la superficie hacia arriba sobre una rejilla de alambre y deje enfriar por completo. Corte el pastel en rebanadas gruesas y sirva cada una con una cucharada grande de la salsa.

RINDE 8 PORCIONES

LICORES DE NARANJA

El Grand Marnier es la gran dama de los licores con sabor a naranja, que también incluyen al Cointreau, Curaçao, Mandarine y Triple Sec. El Grand Marnier está hecho al darle sabor al Brandy con cáscara de naranja amarga de Haití, vainilla y especias. Por lo general se bebe en las rocas cuando no se usa en postres y salsas de postre, como es el caso de esta receta, lo cual se hace en cantidades muy pequeñas.

CREPAS CON SALSA DE CHOCOLATE OSCURO Y FRANGELICO

CHOCOLATE OSCURO

El chocolate se produce a través de un proceso complejo que incluye fermentación, secado, asado y limpiado de granos de cacao para proporcionar una pasta espesa que es la base de todos los tipos de chocolate. El chocolate amargo o "para repostería", es sumamente amargo. La mayoría de las recetas piden chocolate amargo, que contiene el 35% de manteca de cacao puro, o chocolate ligeramente más dulce o semi amargo (simple) que tiene del 15% al 35% de manteca de cacao. El chocolate se quema fácilmente, por lo que recomendamos que lo derrita en un hervidor doble o baño maría.

PARA LA SALSA:

¼ taza (60 ml/2 fl oz) de leche

¼ taza (60 ml/2 fl oz) de crema dulce para batir

125 g (¼ lb) de chocolate semi amargo *(vea explicación a la izquierda)*, picado

1½ cucharadita de Frangelico (vea Nota)

16 crepas dulces (página 113)

4 ó 5 cucharadas (60 ó 70 g/2 ó 2½ oz) de mantequilla sin sal

Azúcar glass (para repostería) para espolvorear

Para hacer la salsa, mezcle la leche, crema y chocolate en la olla superior de un hervidor doble, colocada sobre (pero sin tocar) agua hirviendo ligeramente en la olla inferior. (O, si lo desea, use un tazón refractario que quepa apretadamente sobre una olla). Caliente, de 3 a 4 minutos, moviendo con frecuencia, hasta que el chocolate se derrita y la mezcla esté suave. Si va a servir las crepas de inmediato, integre el Frangelico. Si no, deje que la salsa repose a temperatura ambiente, tape y refrigere hasta por 2 días. Recaliente suavemente en un hervidor doble o baño maría e integre el Frangelico justo antes de servir.

Haga las crepas de acuerdo a las instrucciones de la página 113. Para armar el platillo, derrita 2 cucharaditas de mantequilla en una sartén grande sobre calor bajo. Coloque una crepa terminada con su lado atractivo (el lado que se cocinó primero) hacia abajo de la sartén. Doble la crepa a la mitad, y una vez más a la mitad para formar un triángulo. Mueva la crepa a un lado de la sartén y repita la operación con 3 crepas más, agregando más mantequilla, si fuera necesario, para mantenerlas húmedas. Pase las 4 crepas a un plato individual precalentado. Repita la operación con las 12 crepas restantes, agregando más mantequilla, si fuera necesario, y colocando 4 crepas en cada plato. Bañe generosamente con la salsa caliente, espolvoree con azúcar glass y sirva de inmediato.

Variación: Si lo prefiere, sustituya el Frangelico, un licor italiano con sabor a avellanas (filberts), por Cognac o Grand Marnier.

RINDE 4 PORCIONES

MOUSSE DE MANGO CON COULIS DE FRAMBUESA

PARA LA MOUSSE:

1¼ cucharadita de grenetina sin sabor

¼ taza (60 ml/2 fl oz) de jugo de naranja o manzana

1 mango grande, sin piel ni hueso

2 claras de huevo

¼ cucharadita de jugo de limón fresco

2 cucharadas de azúcar super fina (caster)

PARA EL COULIS:

2 tazas (250 g/8 oz) de frambuesas

1½ cucharadita de azúcar super fina (caster)

1 cucharada de framboise (licor de frambuesa) o Grand Marnier

¼ ó ½ cucharadita de jugo de limón fresco

Ramas de menta o hierbabuena fresca, para adornar

Para hacer la mousse, mezcle en un tazón pequeño la grenetina con 2 cucharadas de agua fría para hidratarla. En una olla sobre calor medio, caliente el jugo de naranja hasta que esté a punto de hervir. Retire del fuego, agregue la grenetina y mezcle hasta que se disuelva.

Corte 4 rebanadas del mango y reserve. Corte el mango restante en cubos. Pase a un procesador de alimentos y muela hasta obtener un puré terso. Pase el puré a una jarra de medir de vidrio; deberá obtener 1¼ taza (310 ml/10 fl oz). Integre, batiendo, la mezcla de grenetina con el puré hasta incorporar por completo. Deje enfriar 10 minutos.

En un tazón grande, usando una batidora eléctrica a velocidad alta, bata las claras de huevo hasta que se esponjen. Agregue el jugo de limón y continúe batiendo hasta que se formen picos suaves. Agregue gradualmente el azúcar y continúe batiendo hasta que se formen picos duros y brillantes. Usando una espátula de hule, integre la mezcla de mango con movimiento envolvente. Divida entre cuatro refractarios individuales o ramekins con capacidad de 220 ml (7 fl oz) y aplane las superficies. Tape y refrigere por lo menos durante 4 horas o por toda la noche.

Para hacer el coulis, mezcle en un procesador de alimentos las frambuesas, azúcar, framboise y pulse hasta obtener una mezcla tersa. Pase la mezcla a través de un colador de malla mediana colocado sobre un tazón e integre ¼ cucharadita del jugo de limón. Pruebe y agregue más jugo de limón si fuera necesario. Tape y refrigere hasta que esté frío, o durante toda la noche.

Llene un tazón con agua caliente y sumerja la base de un refractario individual o ramekin en el agua durante 10 segundos. Pase un cuchillo pequeño alrededor del borde interior, e invierta la mousse sobre un plato. Repita la operación con las demás mousses, adorne con una rebanada de mango y una rama de menta o hierbabuena y sirva.

Nota: Esta receta contiene claras de huevo sin cocer. Si desea más información sobre los riesgos de los huevos crudos, pase a la página 115.

RINDE 4 PORCIONES

LIMPIANDO FRAMBUESAS

Las frambuesas no se deben lavar vigorosamente, ya que su pulpa porosa y el centro ahuecado absorben rápidamente el agua, lo cual produce salsas y postres aguados. Si usa frambuesas orgánicas, sólo tendrá que cepillarlas suavemente para retirar las basuritas. Use un cepillo suave, como los que se usan para limpiar hongos, o una toalla de papel. Si usa frambuesas regulares, lávelas ligeramente bajo el chorro de agua fría y escurra sobre toallas de papel.

FRUTAS FRESCAS DEL BOSQUE CON ZABAGLIONE

VINO MARSALA

Llamado así en memoria de una ciudad de Sicilia en donde se fabrica, el Marsala, al igual que el jerez y el Oporto, es un vino fortificado, o sea un vino al cual se le ha agregado brandy, elevando así su contenido de alcohol. Se hizo por primera vez en el siglo XVIII cuando un navegante inglés, que transportaba vino, descubrió que al fortificar el vino siciliano local se evitaba que se echara a perder durante el viaje a Inglaterra. Este delicioso vino, de color ámbar, viene en dos presentaciones: dulce y seco. Se puede usar en recetas dulces y saladas o disfrutarse simplemente como un vino par acompañar el postre.

PARA EL ZABAGLIONE:

3 yemas de huevo

¼ taza (60 g/2 oz) de azúcar super fina (caster)

⅔ taza (160 ml/5 fl oz) de vino dulce Marsala

1 cucharadita de Cognac

4 tazas (500 g/1 lb) de frambuesas, zarzamoras, moras azules (blueberries) o boysenberries o una combinación de ellas

Para hacer el zabaglione, ponga aproximadamente 5 cm (2 in) de agua en una olla grande y hierva sobre calor medio-alto. Reduzca la temperatura para que el agua hierva a fuego lento.

En un tazón de cobre o de acero inoxidable, mezcle las yemas de huevo y el azúcar. Usando una batidora eléctrica de mano a velocidad baja, bata cerca de 30 minutos, hasta que la mezcla esté tersa. Aumente la velocidad a alta y bata cerca de 1 minuto, hasta que la mezcla esté espesa, pálida y esponjada. Agregue el Marsala y el Cognac a la mezcla de huevos y coloque el tazón sobre (pero sin tocar) el agua colocada sobre fuego lento. Reduzca la velocidad a media y bata durante 2 minutos, revisando el agua frecuentemente para asegurarse de que no hierva. Aumente la velocidad a alta y bata cerca de 3 minutos, hasta que la mezcla haya triplicado su volumen y caiga como listón cuando se levanten las aspas. Retire el tazón de la sartén y bata la mezcla cerca de 30 segundos. Sirva en los siguientes 5 minutos.

Para servir, divida las frutas del bosque entre los platos de postre y cubra con el zabaglione.

Nota: Esta receta contiene huevos que están parcialmente cocidos. Para más información, vea la página 115.

RINDE 4 PORCIONES

TEMAS BÁSICOS SOBRE SALSAS

Ya sea que se use como el toque final o como un elemento esencial, la salsa debe ser un complemento perfecto para el platillo que acompaña. No debe opacar a los demás ingredientes ni ser ensombrecida por ellos. Las salsas pueden ser tan ricas como la salsa holandesa o tan ligeras y refrescantes como la salsa fresca. *Pueden ser tan complejas y laboriosas como el mole mexicano o tan fáciles de preparar como una salsa de mostaza de grano hecha a la sartén. En este libro usted encontrará salsas representativas de las salsas clásicas francesas además de algunas de las mejores salsas cubanas, españolas, argentinas y tailandesas.*

EL ORIGEN DE LA PREPARACIÓN DE SALSAS

Los franceses quizás no hayan creado el concepto de las salsas, pero han convertido la preparación de éstas en todo un arte. Después de la Revolución Francesa muchos chefs, que trabajaban para la aristocracia, abrieron sus propios restaurantes en París y otras ciudades francesas. Ellos competían entre sí en búsqueda de clientes, intentando crear los platillos más memorables. Las salsas eran la manera de sobresalir de la mayoría.

La salsa Bechamel, la salsa blanca clásica hecha de la combinación de un roux pálido de mantequilla y harina con leche y sazonadores, quizás fue la primera salsa clásica francesa. Se usó desde el reinado de Luis XIV, pero ganó fama en los primeros años después de la Revolución. Sin embargo, muchas salsas francesas de esos días servían para dos propósitos: primordialmente le añadían sabor a la comida, pero a menudo también se usaban para enmascarar el sabor de algún ingrediente que no estaba en su mejor estado.

SALSAS MADRE

Las salsas "madre" se encuentran entre las primeras recetas que aprenden los estudiantes de la cocina francesa clásica. Cada salsa tiene varias salsas derivadas, por lo que una vez que usted haya perfeccionado estas recetas básicas, tendrá a la mano un gran repertorio de salsas.

La salsa holandesa y la mayonesa son indiscutiblemente las salsas más conocidas entre las que se espesan con yemas de huevo. La holandesa contiene mantequilla y puede transformarse en la salsa muselina al añadirle crema batida, o cerveza y jugo de naranja. La mayonesa lleva aceite de oliva en vez de mantequilla y se convierte en alioli, cuando se mezcla con ajo o en una rémoulade cuando se le agregan alcaparras, mostaza, perejil y otros sazonadores.

Para hacer salsa bernesa, otra salsa madre, se bate mantequilla para hacer una reducción de vinagre o jugo de limón y se espesa sobre el fuego usando yemas. Por último, la *sauce espagnole*, la salsa oscura tradicional de la cocina francesa, es la base para la preparación de la salsa media glasa, así como de la salsa bordelesa, la cual incluye también tuétano de huesos.

SALSAS INTERNACIONALES

Por supuesto, el mundo de las salsas va mucho más allá de las fronteras de Francia. En los países latinoamericanos, por ejemplo, en donde las salsas son llamadas comúnmente salsas o *mojos*, muchas de ellas están hechas con frutas, verduras y hierbas, en las que rara vez se usa mantequilla. En la India, las salsas de curry varían de un extremo al otro del país, y comúnmente mezclan un sinnúmero de especias, mientras que en Italia cada región tiene su propia salsa para pasta, ya sea el pesto de Liguria, el *ragù* de la Emilia-Romagna o la amatriciana de Lazio. Algunas salsas italianas usan mantequilla y crema, como la salsa Alfredo, que cubre al fettuccini, pero muchas de ellas, como las del sur de Italia, usan aceite de oliva.

Las verduras, principalmente los

jitomates, son lo que da cuerpo a las salsas italianas, en vez de utilizar harina o yemas de huevo. Incluso las nueces son otra forma de dar cuerpo a una salsa. El suave y espeso mole mexicano usa almendras y docenas de ingredientes más; mientras que la salsa tailandesa de cacahuate, rica en leche de coco, se espesa con nueces finamente molidas. Por último, el cuerpo a veces se logra simplemente integrando aceite en el batido, como se hace en la salsa de hierbas y especias *charmoula* de Marruecos.

TÉCNICAS ESENCIALES

La meta al hacer la mayoría de las salsas es espesar un líquido sazonado para cubrir los ingredientes principales. Si una salsa es demasiado delgada, se extenderá en el plato y el platillo no se beneficiará del sabor que esa salsa debería proporcionar. Por el contrario, si una salsa es demasiado espesa, no será atractiva a la vista ni tentadora al paladar. Algunas técnicas se usan para infundir sabor a los líquidos y para espesarlos hasta obtener la consistencia deseada.

DESGLASANDO

Cuando se saltea o asa pescado, pollo o carne en una sartén con mantequilla o aceite, se lleva a cabo un proceso de caramelización. A medida que los ingredientes sisean en la sartén se forma un "fondo" o cubierta crujiente de trocitos sazonados en la base de la sartén. Para introducir este sabor a la salsa de la satén, se retiran los ingredientes principales y se agrega un líquido, por lo general vino mezclado con caldo, agua o jugo de fruta. Al "desglasear", o mover al hervir este líquido a fuego lento, se suaviza el fondo y se distribuye dentro del líquido. Desglasear es un paso esencial para hacer prácticamente todas las salsas a la sartén.

EMULSIFICANDO

Cuando se hace una solución se logra incorporar 2 líquidos que tienden a separarse, como el agua y el aceite, para formar un líquido opaco y espeso con ayuda de un emulsificador ya sea huevo o mostaza. La mostaza es un emulsificador fácil de usar y a menudo ayuda a mantener unidas a las mezclas de aceite y vinagre como las vinagretas. Estas emulsiones suaves por lo general se separan después de algunos minutos, pero se pueden batir rápidamente para obtener su estado cremoso una vez más.

Las emulsiones calientes, como la salsa bernesa y la salsa sabayón, son las más difíciles de hacer. No use huevos congelados o pasteurizados, ya que se pueden separar y es menos probable que se pueda convertir con éxito en una emulsión.

En la página opuesta se muestran los pasos básicos para hacer una emulsión usando huevos, en este caso, salsa holandesa.

1 **Derritiendo la mantequilla:** En una olla pequeña sobre calor bajo, derrita la mantequilla. Retire del fuego y coloque en una taza térmica de medir. Coloque 2 cubos de hielo en un tazón pequeño cerca de la estufa.

2 **Batiendo las yemas de huevo:** En otra olla pequeña, mezcle el agua, yemas de huevo y sal. Coloque sobre calor bajo y empiece a batir inmediatamente. Mantenga la olla sobre el fuego, batiendo constantemente, hasta que la mezcla empiece a humear y espesar ligeramente hasta obtener la consistencia de un yogurt delgado. Esto tomará de 1 a 3 minutos.

3 **Evitando grumos:** Si la mezcla de yemas empieza a verse ligeramente granulosa (cortada), retire la olla del fuego y agregue un cubo de hielo. Bata vigorosamente hasta que el hielo se derrita y la mezcla vuelva a estar tersa, con la consistencia de una mayonesa.

4 **Terminando la salsa:** Empiece añadiendo la mantequilla en pequeñas cantidades, moviendo y retirando la olla del fuego para mantener la mezcla tibia (lo suficientemente caliente para mantener la mantequilla líquida, pero no tan caliente para que las yemas empiecen a cuajarse). Si las yemas empiezan a cuajarse, integre un cubo de hielo una vez más y bata fuera del fuego. Siga añadiendo la mantequilla a cucharadas, batiendo, hasta que haya incorporado toda la mantequilla y la salsa esté tersa.

PYREX
6 oz
4 oz
2 oz

SIRVIENDO LAS SALSAS

Para obtener la presentación más atractiva de salsas como la bernesa y la crema inglesa, coloque algunas cucharadas de salsa en un plato y ladee el plato para extender la salsa en una capa delgada y uniforme (o use el revés de una cuchara). Las salsas a la sartén por lo general se rocían sobre los platos principales, mientras que las salsas y relishes se ven mejor acompañadas o, si son líquidas, colocadas en un tazón o refractario pequeño.

ALMACENANDO SALSAS

La mayoría de las salsas son sumamente perecederas. Las salsas se decoloran rápidamente y las emulsiones calientes se solidifican al enfriarse y no se pueden recalentar sin cortarse. Las salsas para pasta con base de jitomate y las salsas de chocolate que no contienen crema, así como el mole, se pueden refrigerar hasta por 5 días. Una buena regla general: cualquier salsa que contenga huevos o crema no se debe almacenar por más de 2 días.

TEMAS BÁSICOS SOBRE SALSAS PARA PASTA

Algunas salsas para pasta están hechas a base de jitomates, ya sea puré o jitomate en cubos y cocinado hasta que está líquido. Otras, principalmente las del norte de Italia, están hechas a base de crema, queso o mantequilla. Algunas salsas para pasta prácticamente no son salsas en el sentido estricto de la palabra, sino más bien una amalgama de ingredientes secos, por lo general verduras y hierbas, como el pesto, que cubre y sazona la pasta. A este último tipo de salsa en particular algunas veces se le agrega una pequeña cantidad del agua en la que se coció la pasta, ya que le falta líquido. El agua de cocimiento contiene almidones y nutrientes y diluye y ayuda a desarrollar la salsa, mientras que le permite adherirse a la pasta. Simplemente reserve cerca de ¼ taza (60 ml/2 fl oz) del agua justo antes de escurrir la pasta, y añádala a la salsa o agréguela al tazón de pasta con salsa ya mezclados.

Para infundir aún más la pasta con el sabor de la salsa, haga la salsa en una sartén lo suficientemente grande para también dar cabida a la pasta y, después de escurrir la pasta, colóquela en la sartén con salsa. Cocine suavemente, moviendo y mezclando durante un par de minutos antes de servir. La salsa se espesará ligeramente y cubrirá cada trozo de pasta.

TEMAS BÁSICOS SOBRE POSTRES

Imagine un plato con helado de vainilla. Ahora imagínelo cubierto con una exquisita salsa de chocolate caliente. Una salsa dulce puede transformar un platillo sencillo en una experiencia sensual.

TRABAJANDO CON CHOCOLATE

El chocolate por lo general se derrite para cocinar, lo cual se debe hacer cuidadosamente ya que se quema con facilidad. La mejor forma para derretir chocolate es cortarlo y colocarlo en la olla superior de un hervidor doble o baño maría sobre agua caliente en una olla inferior. El agua no debe tocar la olla superior y no debe hervir. Si empieza a salir vapor y entra en contacto con el chocolate, este proceso se detendrá y el chocolate se endurecerá. Asegúrese de mezclar el chocolate ocasionalmente a medida que se derrite y retire la olla superior del hervidor doble o baño maría una vez que se haya derretido totalmente.

El chocolate también se puede derretir en el microondas. Una vez más, píquelo y colóquelo en un tazón a prueba de microondas y caliéntelo a la velocidad más baja posible, deteniéndose cada 15 ó 20 segundos para revisar y mezclar.

HACIENDO NATILLAS

La temperatura también es el factor más importante para hacer natillas. Cuando se agregan yemas o huevos enteros a la leche caliente o crema, deben "templarse" primero al integrarse con un poco del líquido caliente o tibio para calentarlas o, por el contrario, se cortará. Una vez que los huevos y la leche se hayan combinado, no permita que la mezcla eleve su temperatura a más de los 77ºC/170ºF (use un termómetro de lectura instantánea para revisar la temperatura), o los huevos se cuajarán. Cuando las natillas que se cuecen a temperatura baja durante un periodo largo es menos probable que se corten.

UTENSILIOS PARA HACER SALSAS

Muchas salsas se pueden hacer con los utensilios de cocina más básicos: cuchillos filosos, una buena sartén, un batidor y una cuchara de madera. Pero en algunos casos, es más fácil hacer una salsa si se cuenta con los utensilios especiales para hacer dicha tarea.

SARTENES

Una buena colección de ollas de diferentes tamaños es imperativa para hacer salsas. Si se cocina una salsa en una sartén con base delgada se puede quemar. Además, es virtualmente imposible cocinar a calor bajo en dicha sartén, lo cual es indispensable para hacer las salsas de reducción como la salsa bordalesa. Sus ollas deberán tener bases lisas y gruesas, las cuales reducen la posibilidad de quemar los alimentos y aseguran una distribución uniforme del calor. Los mangos deben estar bien colocados y adheridos para que las sartenes se puedan levantar y verter las salsas con facilidad. Las sartenes de buena calidad por lo general son caras, por lo que si no tiene un buen surtido, esté preparada para gastar algo de dinero.

MORTERO Y MANO

Los cocineros dedicados a hacer salsas querrán hacer su alioli y pesto y moler sus propias especias en este utensilio antiguo. Compre uno grande para no tener que usar un tazón para terminar la salsa. Los mejores son los de mármol, ya que no absorben los olores de los alimentos y aguantan los golpes de la mano del mortero. Otra buena opción es un mortero grande y pesado hecho de cerámica.

CUCHILLOS

Para hacer algunas salsas y *mojos,* así como para hacer *chimichurri,* es imperativo tener un cuchillo de chef con cuchilla afilada. Para hacer estas salsas es mejor picar los ingredientes con un cuchillo que en un procesador de alimentos ya que deben permanecer separados más que integrados en una mezcla. Busque un cuchillo de chef con una cuchilla hecha de una aleación de acero inoxidable y carbón; se afila fácilmente y mantendrá siempre su filo.

PROCESADOR DE ALIMENTOS Y LICUADORA

Estas dos piezas de equipo son buenas para llevar a cabo diferentes tareas y el cocinero formal querrá tener ambas. Los procesadores de alimentos son mejores para picar y por lo tanto sumamente necesarios para hacer la salsa *romesco,* la salsa verde y el coulis de frambuesas. Las licuadoras pulverizan y hacen los mejores moles, vinagretas y salsas de fruta. La mayonesa se puede hacer exitosamente tanto en un procesador de alimentos como en una licuadora.

Un procesador de alimentos pequeño es útil para hacer pequeñas cantidades de salsa y para moler algunos ingredientes para hacer salsas. Algunas licuadoras vienen con vasos pequeños, además de los de tamaño estándar, que se pueden usar de la misma manera. Asegúrese de que su licuadora tenga una tapa que cierre herméticamente, ya que las salsas algunas veces chorrean al molerse a velocidad alta.

BATIDORES

También conocidos como trituradores, los batidores son indispensables para hacer salsas. Necesitará tres tipos básicos, un batidor globo, un batidor para salsas y un batidor antiadherente.

Los batidores globo, algunas veces llamados batidores para huevo, tienen forma de bulbo con alambres ligeros y elásticos. Son ideales para batir claras de huevo a punto de turrón. Por lo general, entre más alambres tengan, será más eficiente el batido, aunque el batidor también será más pesado y por lo tanto su uso será más cansado.

Los batidores para salsas tienen una forma más delgada y sus alambres están más apretados y son más rígidos. Son excelentes para mezclar una vinagreta, batir una mayonesa o integrar mantequilla para terminar una salsa. Algunos batidores para salsas tienen cabezas planas y menos alambres y son adecuados para mezclar ingredientes mientras se airea la mezcla ligeramente.

Los batidores antiadherentes son batidores sencillos hechos de plástico térmico para que se puedan usar al cocinar en sartenes antiadherentes sin raspar la cubierta de la sartén.

RECETAS BÁSICAS

Las recetas que presentamos a continuación se nombran a menudo en este libro.

CALDO DE POLLO

3 kg (6 lb) de pescuezos y rabadillas de pollo

3 tallos de apio

3 zanahorias, sin piel

2 cebollas amarillas o blancas, partidas a la mitad

2 poros, únicamente las partes blancas y verdes, en rebanadas

4 ramas de perejil liso (italiano) fresco

1 rama de tomillo fresco

1 hoja de laurel

Sal y pimienta recién molida

En una olla grande, mezcle las piezas de pollo, apio, zanahorias, cebolla, poros, perejil, tomillo y hoja de laurel. Añada justo la cantidad de agua fría necesaria para cubrir los ingredientes. Hierva lentamente sobre fuego medio. Reduzca la temperatura al mínimo y deje hervir, sin tapar, durante 3 horas, retirando con regularidad la espuma que aparezca en la superficie. Rectifique la sazón con sal y pimienta.

Cuele el caldo a través de un colador cubierto con manta de cielo (muselina). Deje enfriar a temperatura ambiente durante 1 hora. Tape y refrigere por lo menos durante 30 minutos o por toda la noche. Usando una cuchara grande, retire la grasa solidificada en la superficie y deseche.

Tape y refrigere el caldo hasta por 3 días o vierta en recipientes herméticos o bolsas de plástico con cierre hermético y congele hasta por 3 meses. Rinde aproximadamente 3 l (3 qt).

CALDO DE RES

2 kg (4 lb) de retazo de res

4 ramas de perejil liso (italiano) fresco

1 rama de tomillo fresco

1 hoja de laurel

2 zanahorias grandes, sin piel y cortadas en rebanadas de 5 cm (2 in) de grueso

1 cebolla grande, cortada en rebanadas de 5 cm (2 in)

2 poros, únicamente sus partes verde claro y oscuro, en trozos de 5 cm (2 in)

Precaliente el horno a 220°C (425°F). Coloque el retazo de res en una charola grande para asar. Coloque en el horno y ase cerca de 1½ hora, hasta dorar, moviendo algunas veces para dorar la carne uniformemente.

En un trozo de manta de cielo (muselina) envuelva el perejil, tomillo y hoja de laurel y amárrelo con hilo de cocina para hacer un bouquet garni.

Retire la charola del horno. Pase el retazo a una olla grande para caldo. Agregue aproximadamente 3 tazas (750 ml/24 fl oz) de agua a la charola para asar y hierva para desglasearla, moviendo para raspar los trocitos sazonados de la base de la charola. El agua se sazonará y tornará café.

Pase los jugos desglaseados de la charola para asar a la olla del caldo y agregue suficiente agua fría (3.5 l/3.5 qt) para cubrir el retazo. Agregue las zanahorias, cebolla, poro y el bouquet garni.

Hierva sobre fuego medio, reduzca la temperatura a baja. Hierva a fuego lento, sin tapar, durante 4 horas, usando una cuchara o desnatador para retirar de vez en cuando la espuma que salga a la superficie. Rectifique la sazón.

Apague el fuego y deje que el caldo se enfríe durante ½ hora. Retire el retazo y vierta el caldo a través de un colador de malla fina cubierto con manta de cielo (muselina) colocado sobre un tazón grande. Deje enfriar a temperatura ambiente. Tape y refrigere durante 2 horas.

Usando una cuchara grande, retire la grasa solidificada en la superficie y deseche. Vierta en recipientes y refrigere. El caldo durará hasta 3 días en el refrigerador o hasta por 3 meses en el congelador. Rinde 3 l (3 qt).

CREPAS DULCES

1 taza (155 g/5 oz) de harina de trigo (simple)

2 cucharadas de azúcar

¼ cucharadita de sal

1 taza (250 ml/8 fl oz) de leche, a temperatura ambiente

6 cucharadas (90 g/3 oz) de mantequilla sin sal, derretida

3 huevos, a temperatura ambiente

En un procesador de alimentos, mezcle la harina, azúcar y sal y pulse brevemente hasta integrar. En una jarra de vidrio para medir, mezcle la leche, mantequilla y huevos. Con el motor encendido, integre la mezcla de leche y bata hasta obtener un puré muy terso. Tape y refrigere la pasta líquida durante 1 hora. Vierta en una jarra de vidrio para medir. Deberá estar ligeramente más espesa que la crema espesa (doble); si estuviera demasiado espesa, incorpore 1 ó 2 cucharaditas de agua.

Coloque una sartén antiadherente de 20 a 23 cm (8–9 in) sobre calor medio. Agregue ¼ taza (60 ml/2 fl oz) de la pasta líquida. Ladee la sartén de inmediato para cubrir la base uniformemente; la crepa deberá quedar sumamente delgada. Cocine de 30 a 40 segundos, hasta que la superficie de la crepa esté firme, haya perdido su brillo y las orillas justo empiecen a dorarse. Voltee la crepa con una espátula de hule y cocine otros 20 segundos más, hasta que esté firme y ligeramente dorada. Pase a un plato. Reduzca la temperatura a media-baja y repita la operación. Cubra las crepas frías con plástico adherente y reserve hasta el momento de servir. Rinde 16 crepas.

PASTA PAPPARDELLE FRESCA

2 tazas (315 g/10 oz) de harina de trigo (simple), más la necesaria para amasar

4 huevos, a temperatura ambiente

1 cucharada de aceite de oliva extra virgen

Coloque la harina en un procesador de alimentos. En una jarra de vidrio para medir, bata los huevos con el aceite de oliva. Con el motor encendido, agregue lentamente cerca de tres cuartas partes de la mezcla de huevo, prendiendo y apagando el procesador de alimentos hasta que se forme una masa dura. Añada la mezcla de huevo restante únicamente si la masa no se junta con rapidez.

Coloque la masa sobre una superficie de trabajo enharinada y amase usando la palma de su mano durante 15 minutos (la masa estará dura). Dele forma de cilindro y envuelva herméticamente en plástico adherente Deje reposar a temperatura ambiente durante 30 minutos o hasta por 2 horas.

Corte la masa en 6 trozos iguales. Mantenga la masa con la que no está trabajando cubierta con una toalla de cocina. Usando una máquina para pasta con manivela, pase 1 trozo de la pasta a través de la máquina para hacer pasta, ajustando los rodillos a la medida más ancha. Doble la masa a la mitad a lo largo e introdúzcala una vez más en los rodillos. Si empieza a pegarse a los rodillos, espolvoree ligeramente con harina. Ajuste los rodillos a la siguiente medida, doble la masa a la mitad y pásela por los rodillos. Repita la operación dos veces más, espolvoreando con harina conforme sea necesario. La masa irá haciéndose más larga y más delgada cada vez. Doble la masa, cierre los rodillos poco a poco y pase la pasta por ellos hasta que quede más y más delgada y alcance el espesor deseado, una vez más espolvoreando con harina conforme sea necesario y deteniéndose antes de que se cierren los rodillos por completo. La hoja de pasta deberá quedar larga y tersa y lo suficientemente delgada para ver la sombra de su mano a través de ella.

Coloque suavemente la hoja de pasta en un secador de pasta hecho de madera o una tabla de madera para cortar pasta. Repita la operación con la pasta restante; no apile las hojas de pasta.

Después de que cada hoja de pasta se haya secado, durante 10 minutos aproximadamente (deberá estar aún ligeramente flexible y no deberá romperse), use un cuchillo grande para cortar en tiras de 3 cm (1¼ in) de ancho y 10 cm (4 in) de largo. Cubra con una toalla de cocina para evitar que se seque la pasta.

Cocine de inmediato o coloque sobre una charola para hornear ligeramente enharinada, envuelva herméticamente con plástico adherente y refrigere hasta por 3 días. Rinde aproximadamente 625 g (1¼ lb).

GLOSARIO

ALMENDRAS MOLIDAS Para moler almendras, congele las almendras fileteadas por 30 minutos, pase a un procesador de alimentos y pulse la máquina prendiendo y apagando hasta obtener una molienda fina; la textura se parecerá a migas de pan seco molido. No sobre procese u obtendrá una mantequilla de almendras.

AZÚCAR, REFINADA Azúcar granulada finamente molida, conocida también como azúcar caster o castor sugar, se disuelve más rápido que la azúcar regular y por lo tanto es una buena opción cuando se debe mezclar con agua u otros ingredientes fríos.

CEBOLLÍN Estos largos y delgados miembros color verde oscuro de la familia de las cebollas, tienen un sabor más delicado y dulce que las cebollitas de cambray y por lo general son usados para decorar salsas o sopas. Con un cuchillo de chef, corte en trozos de aproximadamente 3 mm (⅛ in) de largo, en vez de picarlos. Algunos cocineros usan tijeras de cocina para recortar el cebollín, lo cual es más fácil de hacer.

CHILES FRESCOS A continuación presentamos la descripción de algunos tipos de chiles comunes usados en las recetas de este libro:

Chipotle: La versión seca y ahumada del jalapeño, los chiles chipotles se encuentran fácilmente enlatados con ajo, jitomates y vinagre y etiquetado como *"chiles chipotles en adobo."* Son moderadamente picosos y tienen un distintivo sabor ahumado.

Jalapeño: : Este chile verde brillante varía de picante a muy picante. Los hay frescos y enlatados y algunas veces se encuentran de color rojo brillante, que es su estado maduro.

Serrano: Este pequeño, delgado y brillante chile es sumamente picante. El verde es más fácil de encontrar. En ocasiones se encuentran chiles serranos secos.

Poblano: Este chile rechoncho, de aproximadamente 13 cm (5 in) de largo y 7.5 cm (3 in) de diámetro, es medianamente picante. El poblano más común es de color verde oscuro, casi negro en algunos puntos; los rojo profundo son menos comunes. Cuando está seco el poblano es conocido como chile ancho.

CHILES, MANEJO Todos los chiles contienen capsicina, un elemento que les da el picor y que puede irritar la piel y otras áreas sensitivas. Use guantes de plástico delgado para proteger sus manos y, cuando termine de trabajar con chiles, lave a la perfección sus manos así como los utensilios que utilizó con agua caliente y jabonosa. Vea la página 24 si desea más información sobre el manejo de chiles.

ESPÁRRAGOS, RETIRÁNDOLES LA PIEL Para preparar espárragos cocidos, primero retire la parte dura del final, cortando con un cuchillo o doblando ligeramente el tallo aproximadamente a 5 cm (2 in) del final. El tallo se romperá naturalmente, justo en el punto en donde se unen la parte tierna con la dura. Con un pelador de verdura, deseche la capa delgada externa y pele desde 2.5 cm a 5 cm debajo de la punta del brote hasta el final del tallo. Si utiliza espárragos frescos y delgados de primavera, no será necesario pelarlos.

GRANA PADANO Este es un queso añejo de vaca de alta calidad, hecho en la región del Valle del Po, al norte de Italia. Por lo general tiene una apariencia más amarillenta que el Parmesano y generalmente se puede usar en cualquier receta que pida Parmesano (u otro queso añejo para gratinar).

HARINA DE SEMOLINA Este tipo de harina gruesa es la molienda del trigo durum, una variedad particularmente alta en proteína. La harina casi siempre se usa en la elaboración de pastas secas. También se usa en algunas masas para pizza y panes.

HERVIDOR DOBLE O BAÑO MARÍA Utilizado para cocinar recalentar o derretir, un hervidor doble o baño maría está hecho de 2 ollas, una insertada sobre la otra, con una tapa que le queda a ambas ollas. Una pequeña cantidad de agua es llevada a hervir a fuego lento en la olla inferior, mientras que los ingredientes se colocan en la olla superior para calentarlos ligeramente. Los alimentos se calientan por el calor del vapor de la olla inferior. El baño maría se usa cuando el fuego directo puede quemar o cortar ingredientes delicados, como cuando se derrite chocolate o se hacen salsas a base de huevos.

HUEVOS, SEGURIDAD En algunas recetas de este libro se usan huevos crudos o parcialmente cocidos. Estos huevos corren el riesgo de estar infectados con salmonela u otra bacteria, lo cual puede envenenar los alimentos. Este riesgo se incrementa en niños pequeños, gente mayor y mujeres embarazadas y cualquier persona con un sistema inmunológico débil. Si usted se preocupa por su salud, no consuma huevos crudos.

HUEVOS, TEMPERANDO Cuando prepare natilla maneje los huevos con cuidado. Si los huevos se calientan rápida y súbitamente se cortarán, obteniendo una textura similar a los huevos revueltos. Para obtener una natilla con textura aterciopelada, los huevos tienen que templarse o calentarse gradualmente. Un poco de líquido caliente se integra a los huevos antes de verterlos en la olla caliente sobre la estufa. Al moverlos continuamente mientras se calientan también se ayuda a llevar a cabo este proceso lenta y gradualmente.

MANDOLINA Este utensilio rectangular delgado, usualmente hecho de acero inoxidable, se usa para rebanar y hacer cortes en juliana. Los alimentos que van a ser cortados se asientan en ángulo sobre la superficie de trabajo y se resbalan o deslizan sobre la cuchilla montada. Algunas mandolinas vienen con una variedad de cuchillas para producir diferentes formas y grosores. Este práctico utensilio simplifica la tarea de crear rebanadas delgadas y uniformes.

PARMESANO El Parmesano es un queso añejo, firme y salado hecho de leche de vaca. Los auténticos quesos Parmesano vienen de la región Emilia-Romagna al norte de Italia como lo indica en su marca comercial Parmigiano-Reggiano. Tiene un sabor rico y complejo y a menudo posee una textura granular. Este sabroso queso sazonado es mejor cuando se ralla justo en el momento en que se necesite en una receta o al servirlo en la mesa.

PASTA Muchos cocineros pueden pensar que todas las pastas secas están hechas de la misma manera, pero de hecho la calidad varía. Para obtener los mejores resultados, busque las marcas importadas de Italia. Cuando usted cocine pasta, siempre use una olla grande con dos terceras o tres cuartas partes de agua. Cuando el agua esté en ebullición rápida, añada 1 cucharada de sal kosher por cada 2 l (4 qt) de agua y después agregue la pasta. No es necesario añadir aceite al agua, como algunas recetas lo sugieren. En cuanto ponga la pasta en la olla, revuelva para impedir que se pegue y continúe moviendo ocasionalmente mientras cocina. Cueza de acuerdo a las instrucciones del paquete hasta que la pasta esté al dente, tierna pero ligeramente firme al morderse. Escurra la pasta en un colador y agite ligeramente para retirar el exceso de agua, pero no enjuague.

RALLADURA DE CÍTRICOS La ralladura es la parte exterior con color de la piel de los cítricos, en donde se concentran la mayoría de los aceites que imparten el sabor. La parte blanca de la piel es amarga. Las recetas que piden ralladura o piel picada generalmente piden únicamente la piel de color, la cual se puede retirar de diferentes formas. Usted puede utilizar un rallador, un utensilio con pequeños orificios filosos en la punta de una cuchilla de acero inoxidable que se pasa a través de la cáscara, retirando la cáscara en tiras delgadas. También puede usar un pelador de verdura o cuchillo mondador para retirar la ralladura en tiras más anchas, para después picarla o cortarla, o podrá rallar la piel en las raspas finas de un rallador de mano o en un rallador Microplane.

SAL DE MAR Este tipo de sal, creada por evaporación natural, se encuentra en granos gruesos o granos que tienen forma piramidal hueca y escamosa. Debido a su forma se adhiere mejor a los alimentos y se disuelve con mayor facilidad que la sal de mesa. La sal de mar de Francia, Inglaterra y los Estados Unidos se puede encontrar en tiendas especializadas en gastronomía o en supermercados bien surtidos. La sal de mar más apreciada es la gris-marfil *fleur de sel* de Bretaña.

VERMOUTH Un vino fortificado saborizado con varias especias, hierbas y frutas. El vermouth se puede conseguir en 2 presentaciones básicas: dulce (conocido como vermouth italiano o rojo) y seco. El vermouth seco, un ingrediente clásico en el martini, se utiliza también para cocinar y es especialmente bueno para hacer salsas a la sartén.

VINAGRE BALSÁMICO El distintivo dulce y ácido sabor del vinagre balsámico se ha vuelto muy popular. El auténtico vinagre balsámico, llamado *aceto balsamico tradizionale*, es caro y difícil de conseguir. Para cocinar se puede usar una buena calidad de vinagre balsámico hecho de vinagre de vino saborizado con una pequeña cantidad de *mosto cotto*, o "mosto cocido". Revise la etiqueta cuidadosamente antes de comprarlo, ya que muchos vinagres balsámicos son vinagres de vino endulzados y oscurecidos con colorizantes de caramelo.

ÍNDICE

DEGUSTIS
Es un sello editorial de
Advanced Marketing, S. de R.L. de C.V.
Aztecas 33, Col. Sta. Cruz Acatlán, C.P. 53150 Naucalpan, Estado de México

WILLIAMS-SONOMA
Fundador y Vicepresidente: Chuck Williams

WELDON OWEN INC.
Presidente Ejecutivo: John Owen; Presidente: Terry Newell; Jefe de Operaciones: Larry Partington
Vicepresidente, Ventas Internacionales: Stuart Laurence; Director de Creatividad: Gaye Allen;
Editor de Serie: Sarah Putman Clegg; Editor Asociado: Emily Miller; DiseñO: Leon Yu
Asistente de Diseño: Marisa Kwek; Gerente de Producción: Chris Hemesathl;
Gerente de Color: Teri Bell; Coordinación de Envíos y Producción: Todd Rechner

Weldon Owen agradece a las siguientes personas por su generosa ayuda y apoyo en la producción de este libro: Editor de Copias; Kiss Balloun y Sharron Wood; Editor Consultor: Sharon Silva; Estilistas de Alimentos: Kim Konecny y Erin Quon; Asistente de Estilista de Alimentos: Lori Nunokawa y Sharon Ardina; Asistente de Fotografía: Selena Aument; Corrección de Estilo: Desne Ahlers y Carrie Bradley; Escritor Contribuyente: Kate Chynoweth; Índice: Ken DellaPenta; Supervisión de la Edición en Español: Marilú Cortés García,

Título Original: *Sauce* Traducción: Laura Cordera L.,Concepción O. De Jourdain
Salsas de la Colección Williams-Sonoma fue concebido y producido por
Weldon Owen Inc., en colaboración con Williams-Sonoma.

Presentado en Traján, Utopía y Vectora.

ISBN 970-718-284-9

Separaciones de color por Bright Arts Graphics Singapur (Pte.) Ltd./ Color separations by Bright Arts Graphics Singapore (Pte.) Ltd.
Impreso y encuadernado en Singapur por Tien Wah Press (Pte.) Ltd./Printed and bound in Singapore by Tien Wah Press (Pte.) Ltd

1 2 3 4 5 04 05 06 07 08

UNA NOTA SOBRE PESOS Y MEDIDAS

Todas las recetas incluyen medidas acostumbradas en Estados Unidos y medidas del sistema métrico. Las conversiones métricas se basan en normas desarrolladas para estos libros y han sido aproximadas. El peso real puede variar.